Patrick Roth

GOTTESQUARTETT

Patrick Roth

GOTTESQUARTETT

Erzählungen
eines Ausgewanderten

HERDER

FREIBURG · BASEL · WIEN

© Verlag Herder GmbH, Freiburg im Breisgau 2020
Alle Rechte vorbehalten
www.herder.de

Satz: Daniel Förster, Belgern
Herstellung: GGP Media GmbH, Pößneck

Printed in Germany

ISBN Print 978-3-451-38809-5
ISBN E-Book 978-3-451-82155-4

»Let's go.«

Pike Bishop, The Wild Bunch

Es ist aber der Welt kein Bestand
als durch das Geheimnis.

Sohar

INHALT

ERSTER TAG

Im Dunkeln.

Was war da?

Ein Funke.

Dem folgte ich nach.

Da kam ich in einen dunklen Wald. Sah schwach beschienen vom Funken: die Schemen riesiger Stämme. Und betrat eine Lichtung, bleichkreidene Lichtung. Ihr Licht aber – unbestimmbar woher. Und der Funke, er hielt nicht, sondern hielt zu auf eine mächtige Kathedrale, die sich im Eiland der Lichtung erhob. Und ich folgte ihm nach, ins Gebäu der Kathedrale hinein.

Und –

erschrak.

Wäre der ziehende Funke nicht gewesen, ich hätte nicht folgen, nicht sehen können, wäre erstarrt.

Denn das Innere der Kathedrale war Wald. War dichter Wald. Bis in die Seitenschiffe hinein hatten sich riesige Wälder getrieben, hatten sich ausgebreitet bis hoch unters Dach.

Und das war geschehen, wie ich fühlte, her vom Altar, der selbst so klein und so schwach wie ein Fünkchen glühte in Finsternissen. So unendlich fern schien er mir. Und im Dickicht der Wälder wär er mir nicht mehr erkennbar gewesen, hätt ich ihn nicht, gleich nach Betreten, längs der Achse des Hauptschiffs erwartet, ja ihn mit dem Auge gesucht, hin durchs Dickicht des Walds, den Altar. Ganz dort hinten müsste er sein, dachte ich. Ja, dort etwa, dort etwa wäre er, wenn … –

Und da erst, da erst glaubte ich es zu erkennen: ein Fünkchen, im Chaosgeflecht der Zweige verloren, der schlingenden Äste, der Macht der Stämme des Walds. Und als ich es sah, als es mich sah …

stach es auf
stach auf, als begehre es Sicht
stach auf
gesehen zu werden im
Stich
stach hinauf in der Flamme. Da brannte das Dunkel des Walds, her vom Altar. Und stachen hoch zu den Wäldern des Dachs seine Flammen, dass auch diese flammend aufstachen und das Dach zum Himmel hin barst, frei brach im Pfeilstich die Sicht in die Himmel, frei, als Jahrhunderte brannten.

So sah ich's, als ich während des Flugs von Frankfurt nach Los Angeles eingeschlafen war. Bilder der brennenden Notre Dame, wie ich sie im April 2019 sicherlich *nicht* gesehen hatte. Es war ja, als sei ich im Traum Zeuge eines Funkens geworden, von dem manche sagten: *der* habe den Brand ausgelöst.

Und was hatte den Brand im Träumer selbst ausgelöst?

Als erstes fiel mir ein, dass zwei französische Passagiere in der Reihe hinter mir ein brennendes Thema – ihre Stimmen wurden heftiger, stachen auf etwas ein – diskutierten, ich vielleicht das eine oder andere Wort mit in den Schlaf genommen hatte. Dunkel erinnerte ich mich, dass die Rede von einem »riesigen Schaden« gewesen war. Aber das Wort »Kathedrale« oder gar »Notre Dame«, das Wort »Feuer« oder »Flamme« war, glaubte ich sicher zu wissen, nie gefallen.

Jetzt jedenfalls schwiegen sie.

Ich beugte mich seitlich, sah durch den Spalt meiner Sitzreihe zurück.

Sie schliefen.

Ich nahm meinen kleinen Sony-Recorder, diktierte mir einige Sätze zum Traum, Assoziationen zum »Fünkchen«. Zunächst mal, schien mir, hatte ich gar keine. Ich sah es nur vor mir, wieder vor mir. Und hielt fest, dass »alles damit begonnen hatte«. Auch mein Gefühl war zunächst blind, wie verschwommen. Als *stellte* es sich blind. Nein, als stellte mein Ich es blind, rettenden Abstand zu gewinnen. Umso heftiger war es während des Traums gewesen, brannte roh: im Befreiungsschlag noch nach oben.

Aber was war das?

Es war ein Gefühl, das ich auch in der Stimme meiner Schwester zu hören glaubte, damals, im April, als wir telefonierten und sie durch ihr Wohnungsfenster dem realen Brand der Kathedrale zusah. Auch bei Fernsehaufnahmen tauchte es auf, am selben Abend, als ich Menschen dem brennenden Gotteshaus gegenüber auf die Knie gehen sah.

Ich hätte das nicht gekonnt. Ich hätte es nicht gezeigt.

Aber, siehst du, dachte ich dann: *Die* wollen es gar nicht *zeigen*. Denen ist deine Reaktion, der Blick anderer, völlig egal. Die sind … – nahe dem Feuer. Ja, genau – hier war das Bild, auf das mein Gedanke gewartet hatte:

Wem beten sie zu?

Vor wem beugen sie ihre Knie?

Denn *Who shall stand when He appeareth?* Wer wird stehen, wenn Er erscheint?

Und wer kommt da im Feuer?

Im Funken, den wer ausgelöst hatte?

Mir schien dieser Funke wie ein Funke des Steins im Traum Nebukadnezars, der ohne Zutun von Menschenhand losbrach und einbrach ins große, außerordentlich glänzende, erhabene Standbild, um es – wie Davids Kiesel den Riesen Goliath – schmetternd zu Fall zu bringen.

Aber, dachte ich, könnte der Traum auch mit dem Grund meiner Reise nach Los Angeles zu tun haben?

Eine alte Freundin, Dianne, war zwei Wochen zuvor verstorben. Sie und ihr Mann – Psychotherapeuten, die ich Anfang der neunziger Jahre kennengelernt hatte – waren starke, bestätigende Einflüsse auf die Richtung gewesen, in die mein Schreiben sich damals entwickelte.

Als ich *Gottesquartett* vor ein paar Monaten beendet und Dianne gewidmet hatte, schrieb ich ihr nichts davon. Es sollte ja eine Überraschung werden. Wyatt, mein amerikanischer Übersetzer, würde ihr das Manuskript übergeben. »Sobald du eine Rohfassung davon hast«, hatte ich ihn gebeten. Denn ich wusste, dass es Dianne gesundheitlich nicht gut ging.

Dann die Nachricht vom Tod.

Und was war das jetzt also? Ich, mit dem gewidmeten Manuskript im Gepäck, auf meinem ersten Flug nach L.A. seit sieben Jahren. Ich war unterwegs zu einer Gedenkfeier, die ihr zu Ehren morgen in den Hollywood Hills stattfinden sollte, aber … War das nicht eine »Pilgerfahrt«? Also könnte sich mein Traum von vorhin doch auf Dianne beziehen?

Ausgeschlossen. Dafür waren seine Bilder zu unpersönlich, zu über-persönlich gehalten. Das war ein archetypischer Traum, dachte ich. Aber ich dachte auch: Das war »ein archetypischer Traum, wie Dianne sagen würde«.

Er könnte sich, dachte ich, auf die Wandlung des Gottesbilds beziehen. Auf unsere Einstellung zum »höchsten Wert«, zu einem Unendlichen also, auf das wir bezogen wären oder dem wir unbezogen gegenüberstünden, gar seiner gänzlich unbewusst wären. Jedenfalls dient das »alte Haus« IHM nicht mehr. Zuviel Unbewusstes, Undifferenziertes hätte sich darin breitgemacht. Das ehrwürdig alte Gefäß unseres Glaubens wäre ins Unbewusste gefallen, sein Inneres zur Wildnis geworden, sagte das Traumbild. Und: »her vom Altar« … wuchs der Wald, sagte es andeutend. Das wiederum hieße, Gott selbst stünde dahinter, hinter solcher Entwicklung. Auch hinter dem Funken, dem Licht in der Finsternis, dem Stich dann der Flamme. Was wir als »Gott« bezeichnen, will ein neues Gefäß, kann jedenfalls – zum Zeitpunkt unserer Entwicklung – nicht mehr »gefasst« werden, würde das heißen. Nicht mehr wie bisher. Ein Durchbruch der Sicht auf »die Himmel«, den der brennende Wald besorgt, im

Brand intensivsten Affekts verwirklicht, könnte deuten auf einen Ausbruch unbewusst wuchernden, feurigst geladenen Gefühls im Kollektiv »Christenheit«. Gleichzeitig auf einen neuen, lebendigen Einfluss »offenen Himmels«, neues Sehen und Gesehenwerden, aber auch neues Ausgesetztsein, Zeit höchster Gefahr.

Aber warum käme mir so ein Traum jetzt, auf dieser Reise zurück?

Noch eine Stunde bis zur Landung in Los Angeles.

Ein paar Tage nach der Meldung von Diannes Tod ging ich alte Aufzeichnungen durch, die nach Gesprächen mit ihr entstanden waren. Es muss 1998 gewesen sein, Ed – Diannes Mann – war gerade gestorben. Wir besprachen einen Traum, den sie mir mitteilte. Dabei müssen wir darüber gesprochen haben, wie ernst ein Zeichen zu nehmen wäre, das man von einem Toten erhält. Diese Dinge sind ja letztlich kaum mitteilbar. Sagen wir, jemand erzählt uns einen Traum, sein verstorbener Vater sei ihm – plötzlich, viele Jahre nach dessen Tod – im Traum wieder erschienen. Manchmal ist der Träumer ja dann doch wach genug, glaubt im Traum, dem Verstorbenen *die* Frage stellen zu müssen. Sie lautet meist:

»Wie ist es dort? Wie geht es dir dort? Ist es mitteilbar?«

Oder der Träumer freut sich so über das Traum-Wiedersehn – vielleicht fand sogar eine erlösende Umarmung statt –, dass er sich erst im Nachhinein sagt: »Ich hätte ihn eigentlich fragen sollen, wie es dort ist.« Letztlich meint er damit, ob dieser Verstorbene denn nun wirklich war, wirklich *ist*, oder, wie man meist angibt, eben »nur« geträumt worden war, außerhalb des Hirns dieses Träumers aber nicht existiert.

Damals muss ich – spielerisch vielleicht, zunächst spielerisch, beim Durchspielen gewisser Gedanken – wie nebenbei zu ihr gesagt haben:

»Wer von uns beiden zuerst stirbt, gibt dem anderen ein Zeichen. Ein untrügliches Zeichen seiner Existenz. Traumunabhängigen Existenz.«

So lautete auch die Notiz.

Die sprang mich an.

Dass ich »jetzt« – gerade jetzt wieder – auf diese Zeilen gestoßen war! Natürlich Zufall. Beim Durchlesen alter Aufzeichnungen. Warum käme mir nicht auch so eine Notiz unter die Augen? Zufall.

Ich sprach niemandem davon, ließ den Fund im Gedankenhintergrund wieder verschwinden. Und doch könnte es, vielleicht gerade deshalb, der eigentliche Impuls gewesen sein, der mich die Reise antreten ließ. Ja, ich war eingeladen worden, bei Diannes Gedenkfeier zu reden, ein paar Worte zu sagen. Das war die Antwort der Vernunft. Aber schon das Hinübertragen meines ihr gewidmeten Manuskripts, das zu spät kam, war völlig irrational. Und schien mir doch richtig, irgendwie angemessen. Die Lösung. Und dahinter vielleicht jene andere Lösung, die Einlösung des Versprechens, das wir uns wie nebenbei gegeben hatten. Ich würde warten, ich hatte gewartet – spätestens seit dem Wiedererkennen jener Notiz in Deutschland.

Und jetzt? Vier Tage blieben mir in L. A., am fünften müsste ich wieder zurück.

Jetzt wartete ich also nicht nur, sondern ging auf sie zu.

Der Flug traf pünktlich ein, und Wyatt, wie in alten Zeiten, stand neben der Rampe der Ausgangshalle bereit. Wir fuhren nördlich auf Lincoln Boulevard – der Freeway sei wegen eines Unfalls völlig verstopft – nach Marina del Rey, zu Veras und Wyatts Apartment. Unter einem strahlend blauen Spätherbsthimmel.

Etwas wie Brandgeruch lag in der Luft.

»Riechst du das auch …? Oder bild ich's mir ein?«

Es sei *wildfire season*, meinte Wyatt. »Gab's doch schon zu deiner Zeit.« Seither habe sich die Trockenheit sieben magere Jahre hindurch nur verschlimmert.

Apt 214 lag im zweiten Stock einer verschachtelten Apartment-Anlage mit Pool und Tennisplätzen auf 14001 Palawan Way, nahe beim Strand. In Wyatts Augen aber lag der eigentliche Vorzug der Wohnung in ihrer überaus großzügigen Terrasse, auf der man, unter Marquise und Sonnenschirmen, Nachmittag und Abend verbrachte, dabei freien Blick auf die segelgesäumten Stege des Jachthafens hatte. Auch das Hochhaus, in dem Dianne bis vor kurzem noch wohnte, wäre von der Terrasse aus zu sehen, auf der Marinaseite gegenüber. Wyatt hatte Dianne nicht gekannt, hätte es aber nicht weit gehabt, ihr das gewidmete Manuskript zu überbringen.

Bei ihm zu Hause überstürzten sich dann die Ereignisse. Auf der Fahrt schon hatte Wyatt vom Besuch erzählt. Ava sei gestern überraschend vorbeigekommen. Nur auf kurz. Natürlich habe Vera ihr gleich berichtet, dass »wir dich für heute erwarten, auch die Umstände genannt und dass du nur vier Tage bleibst«. Ava sei etwas beleidigt gewesen, dass sie erst jetzt davon erfuhr. Dann kam der Anruf von Avas neuem Lover. Vera erklärte Wyatt, es handle sich um Avas Nachbar. Der Geliebte hatte beunruhigende Nachrichten für Ava.

»Das Städtchen, wie heißt es noch, in das sie vor Monaten umzog? Da in der Nähe von Santa Barbara jedenfalls. Es wird vom Feuer bedroht«, sagte Wyatt.

Das Feuer sei zwar gestern schon zu beobachten gewesen, habe sich aber erst gegen Mittag, von Winden beschleunigt, ausgebreitet. Inzwischen sei die Gegend dort so gut wie eingekreist. »Bleib, wo du bist!«, meinte John, Avas Nachbar. »Du wirst in den nächsten Tagen nicht durchkommen.« Ava habe die Nacht also bei ihnen verbracht, natürlich kaum geschlafen. Vera auch nicht.

Als wir eintrafen, saßen beide Frauen aufgeregt vor dem Fernsehschirm. Kurze Begrüßung, Ava hatte noch Tränen in den Augen.

»Da …«

Sie deutete auf den Schirm.

»Vielleicht zeigen sie's noch mal!«

Kurz bevor wir eintrafen, wollte Ava, so erzählte sie uns, bei den Helikopteraufnahmen, die zu sehen waren – ein brennender Vorort –, ein Haus wiedererkannt haben, Haus einer Bekannten, das zu brennen begann. Sie sei sich aber nicht sicher gewesen, dachte, in der Aufregung verwechsle sie es vielleicht. Sofort rief sie die Frau auf ihrem Handy an. Sie hörte den Klingelton und sah jetzt das Haus, über dem der Kameramann im Helikopter *live* filmte. Es sei gewesen, als hörte sie's dort unten klingeln.

»Dann ist es also nicht ihr Haus, das da brennt«, hätten sie sich gesagt, erleichtert zunächst.

»Aber warum geht sie nicht ans Telefon?«

Wieder schlug Wind in die Flammen einiger Häuser. Eine Stichflamme sei entstanden, etwas muss explodiert sein, der Helikopter musste abdrehen. Noch bevor er das Haus – das Haus ihrer Bekannten – aus dem Blick verlor, riss das Klingeln ab.

»Weg. Mit einem Schlag.«

Auch Vera hatte es miterlebt.

»Die sind längst evakuiert worden. Die hat ihr Handy im Haus liegen lassen«, meinte Wyatt. »Jetzt beruhig dich erst mal.« Er knipste den Fernseher aus.

Kurz darauf, ein weiterer Anruf. Diesmal für mich. Es ging ums *memorial*. Die Gedenkfeier für Dianne müsse verlegt werden. Das Ganze werde nicht morgen, erst übermorgen stattfinden. Nicht in den Hollywood Hügeln bei Nanette, sondern

»Wahrscheinlich in Brentwood«.

»Wahrscheinlich?«

Ja, man habe rasch umdisponieren müssen. Unvorhergesehene Umstände.

»Die *wildfires*?«, fragte ich.

»Nanette hat ja Pferde dort oben auf einer Ranch. In Feuernähe«, meinte der Anrufer. »*Anyway, welcome back!*« Die neue

Hausadresse werde er mir morgen noch durchgeben. »Sicherlich bleibt es bei 7 p.m.«

Ich hatte ein paar Stunden geschlafen, dem Jetlag nachgegeben, da gestand mir Wyatt, dass die Übersetzung des Manuskripts allerdings noch nicht weit gediehen sei, er habe leider anderes – Geldarbeiten – annehmen müssen. »Das ist völlig in Ordnung«, meinte ich. »Denn es ist doch noch einiges hinzugekommen, Geschichten, die das Quartett jetzt als Vor- und Nachwort umgeben, und eine längere Erzählung als Vorspiel.«

»Ein Vorspiel?«

»Ja, die Zeit vor Dianne, gewissermaßen.«

»*What's this about?*«

Ava fragte, was wir da zu reden hätten.

»Es geht um das Manuskript. Du weißt doch.«

»Nein, ich weiß gar nichts. *What's it about?*«

Ich musste lachen. Denn sie sprach die Frage mit Soap-Opera-Argwohn aus, schürzte die Lippen, als spiele sie noch ihre alte Rolle in jener *Daytime Soap*, in der sie vor Jahren täglich Komplotte aufdecken, Rache schwören und kreuz und quer Beziehungen hintertreiben durfte, alles auf der Suche nach ihrem Sohn, den man ihr während eines Gedächtnisverlusts geraubt hatte. Damals stand die gesamte Besetzung der Soap unter Verdacht, den Sohn vor ihr zu verbergen.

»*So what's it about? Why are you laughing?*«

Vera erklärte solidarisch, sie wisse ja auch noch überhaupt nichts, Wyatt habe ein Geheimnis daraus gemacht …

»Kein Geheimnis«, meinte Wyatt.

»Doch. Irgendwas von einer Widmung, von der niemand wissen darf.«

»Nein, du verwechselst zwei Dinge …«, begann Wyatt zu erklären.

Aber auch seine Erklärungen stellten sie nicht zufrieden. Vera und Ava forderten, Wyatt solle einfach mal etwas aus dem Manuskript vorlesen.

»Dann doch schon das Ganze«, sagte Wyatt. »Ich kenne ja auch noch nicht alles.«

Er wandte sich zu mir.

»Wie wär's, wenn du gleich den Anfang machst? Mit diesem ›Vorspiel‹. Wie heißt die Erzählung?«

»Long Voyage Home«, sagte ich.

»Und du, Vera, würdest die nächste lesen?«

Vera war einverstanden. Wyatt selbst übernähme die dritte. Und dann...

Ava schwor, ihr Deutsch sei noch gut genug. Sie war, wie sie mir mal erzählt hatte, in Deutschland auf »Eva« getauft, in Amerika dann als »Ava« zur Schule gegangen – weil Amerikaner »Ava« wie das deutsche »Eva« aussprachen. Ihre Mutter hatte darauf geachtet. Und mit der sei sie jetzt auch wieder in Kontakt – nach einer längeren Verstimmung. Sie habe täglich Übung in deutscher Konversation.

»Na ja, fast täglich. Auch *das* eine Soap«, meinte sie. »Nur leider ohne Tantiemen.«

Und Vera war, wie man sagt, *native speaker*, neben ihren Arbeiten als Graphikerin übersetzte sie auch vom Englischen ins Deutsche.

So entstand der Plan, *Gottesquartett* im Wechsel zu lesen, reihum.

»Wie früher«, sagte Ava.

Wir wussten, wovon sie sprach. Wir hatten uns vor Jahren, einen heißen Sommer lang, an Wochenenden auf dieser Terrasse Geschichten vorgelesen. Damals kamen immer wieder Stromausfälle dazwischen. Auch die seien wieder zu befürchten, meinte Wyatt. Zumal bei den *wildfires* in der Gegend.

Vera war dabei, sicherheitshalber ein paar Kerzen aufzu-stellen, ohne sie anzuzünden.

»Komm setz dich endlich«, rief Wyatt. Aber sie ließ sich nicht hetzen, ging mehrmals zwischen Küche und Terrasse hin und her, bis alle im Kreis saßen und sie sichergestellt hatte, dass wir mit *iced tea* und Kaffee versorgt waren.

Wie früher.

LONG VOYAGE HOME

Ich bin wieder sechs Jahre alt. Neben meiner Mutter sitze ich, die schreibt. Wir sitzen am runden Esstisch, ich war Sekunden zuvor ins Zimmer gekommen.

Sie hatte nicht aufgeschaut, obwohl sie doch wusste, wissen musste: ich bin's.

Gleich hab ich's genutzt, mich zu verstecken.

Aber sie hat nicht gefragt, wie sie's sonst tat:

»Wo ist mein Sohn? ...

Ist er groß geworden? ...

Wisst ihr, wo er ist? ...

Ist er hinaus in die Welt gezogen? ...

Hat er schon lesen gelernt?«

Sie hat's nicht gefragt, diesmal. Nicht gespielt mit mir. Obwohl es doch Spaß gemacht hätte, noch mal so kindisch zu spielen, als wär ich drei oder vier.

Sie wollte eben nicht.

Also bin ich aus dem Versteck hervorgekrochen und habe mich still zu ihr an den Tisch gesetzt.

Wo ich jetzt sitze.

Aber sie sieht nicht auf, so beschäftigt ist sie mit ihrer Schrift, die sie geräuschvoll zu Papier bringt.

Fliegend ritzt sie die Zeilen ein, hält inne.

Ich hör's zunächst nur, kann's nicht sehen.

Sie nimmt den Satz nochmals auf. Momente lang fließt das Schreibgeräusch wieder dahin, dann –

Erneuter Abbruch.

Stille.

Das Streichen.

Gedoppelt: Sie streicht etwas durch.

Bricht auch das ab, das Durchstreichen.

Fährt fort, nach kurzem Innehalten.

Fährt fort.

Wunderbar dieses Geräusch der Füllfeder, mal weicher, mal härter, das über die Seite zieht, sich nähert,

mir nähert

samt ihrer Hand. Sich

sprunghaft wieder entfernt,

neu zuzuhalten auf mich.

Denn inzwischen habe ich den Kopf flach auf die Tischplatte gelegt. Das sagt: Langeweile – falls die Mutter hersehen sollte. Ist angenehm kühl und gibt herrliche Sicht auf ein vor sich gehendes Geheimnis, dessen Lösung mir – »aber nicht mehr lang«, hieß es – noch vorenthalten war.

Jener Fliege aber, die, Momente zuvor auf dem Blattende gelandet, nun stur über die geschriebenen Zeilen einherspazierte, jetzt hielt, der wäre's für immer vorenthalten:

Das Geheimnis der Staben.

Als Fliege glich sie mir nur, insofern meine schreibende Mutter auch ihr keine Beachtung schenkte. Aber die Fliege würde nie ahnen, dass sie auf Zeichen-Grund ging und die halbnassen Tintenbäche, durch die sie krabbelte und an deren Ufern sie trank, ein lebendig wachsendes Zeichen-Netz waren, von dem sie, still und leise, soeben wahrgenommen, *erfasst* worden war. Denn vielleicht schrieb meine Mutter gerade:

»Eine Fliege setzt sich auf meine vier Buchstaben.«

Gibt es Zeichen, ein Zeichennetz ausgespannt, darauf auch ich liege und von dem erfasst auch ich wahrgenommen bin? Liegt mein Kopf, jetzt auf dem Tisch, auf einem Zeichen, das ich …

wie die Fliege dort

… nur nicht lesen, nicht mal erahnen kann? Bin ich umgeben von Zeichen, die mir auf immer vorenthalten bleiben?

Noch konnte ich nicht lesen, nicht schreiben, wusste nur, dass es Schrift überall gibt, dass ich Lesen lernen würde, eines Tages schreiben könnte wie meine Mutter, ohne aufzuschauen.

Was ist?

Wer ist da?

Mit wem spricht sie, wenn ich ihre Hand innehalten sehe, unsicher, zögernd, wütend nach links zurückfahren sehe, um etwas auszustreichen?

Es war, als hörte sie jemandem zu.

Ihren Gedanken, die kamen, hörte sie zu, wusste ich. Die hatte sie sich in ihrem Kopf ausgedacht, über mir, über meinem Kopf, den ich auf die Tischplatte gelegt hatte.

Und dann kamen sie herab, die Gedanken, satzflüssig, sprangen herab in einem Satz, schnell eingeritzt vom Finger, sie festzuhalten im Fluss.

Aber wie wusste sie die Zeichen, die ihn festhielten, diesen Satz von Gedanken?

Die wusste sie, weil sie lange vor mir, als sie noch Kind war wie ich, in der Schule Schreiben gelernt hatte. Wo ja auch ich es erlernen würde.

»Nicht mehr lang, dann weht ein ganz anderer Wind. Dann beginnt der Ernst des Lebens«, hatte mein Vater gesagt.

Als mein Kopf so lag, so flach auf dem Tisch die Bewegung ihrer Hand fixierend, war – vielleicht weil ihre Finger sie tief unten festhielten – die Füllhalterspitze eins mit der Hand, nicht länger zu sehen. Es schien, als flösse die Schrift, die ich in Girlanden, Spitzbergen und wolkenbestrichenen Tälern ausrollen sah, als flössen die Zeichen aus ihren zur Spitze gebündelten Fingern selbst, die Tinte aus Tintenfingern.

Ich stützte den Kopf mit der Hand, um besser zu sehen, wie die Worte – was oben im Kopf entstand – flüssig hin aufs Papier flossen, geführt von den Fingern, in deren Mitte die Füllfeder verschwunden war.

So entstand die Phantasie vom unsichtbaren Gedanken und seiner Sichtbarwerdung auf dem Papier.

Im Papier, sage ich.

Denn ich sah: Wenn die Feder länger auf einer Stelle des Papiers stak, sog sich das Papier tintenvoll. Sog sich voll, bis eine neue Abfolge von Schrift der Tintenlache entkam.

In meiner Phantasie entstand der Gedanke oben im Kopf und stürzte dann wie ein Wasserfall im Satz – durch Hals-, Schultern- und Arm-Adern der Schreibenden hinab –, um schließlich ihrer Fingerspitze zu entrinnen.

Beweis war, dass man zur Not auch mit dem Finger schreiben konnte. Als wir, meine Schwester und ich, den Stich mit der Nadel nachstellten, der einer Märchenkönigin aus dem Finger hinab in den prangenden Schnee drei Blutstropfen tropfen ließ, da lernten wir, dass man mit diesem angestochenen Finger auch malen konnte. Und das hieße doch letztlich: auch schreiben. So soll ein Gefangener in einem Film, den wir noch nicht sehen durften, einen ganzen Brief mit seinem Blut geschrieben haben. Woraufhin jeder, der den Brief las, wusste, dass der Brief die Wahrheit sagt, weil er mit Blut geschrieben war. Es war der Blutbrief, der ihm die Retter zuführte, die ihn schließlich befreiten.

Die kindliche Phantasie von der Verwandlung unsichtbarer Gedanken in Materie lebte später noch in der Umkehrung des Prozesses fort. Längst konnte ich lesen, schreiben, da saß ich verehrend verliebt, also so gut wie blind, neben einer jungen Engländerin, meiner Privatlehrerin, von der ich die Sprache Edgar Allan Poes erlernen wollte. Ich bemerkte, wie sie beim Vorsprechen der Sätze die Textzeilen stets mit ihrem Finger nachfuhr – als bestätige sie jene Phantasie meiner Kindheit. Ich hatte den Eindruck, als sei es ihr streifend-verweilendes Berühren der Lettern beim Lesen der Poe'schen Erzählung, das für ihre Stimme verantwortlich war.

Als sauge die Fingerspitze Ton aus dem Buchstabenbild, unsichtbar feine Materie aus der stummen Buchstabengruppe, als erhebe sich der gesammelte Staub dann längs der Adern der Hand kehlwärts hinauf, bis er, über ihre Zunge hinstreichend, von ihrer Stimme geformt, als Gedanke lebendig dem Raum sich mitteilte, mir zum Sinn jener Zeichen wurde, die sonst tot auf der Buchseite lagen.

Ich glaube, diese Phantasie war ursprünglich so anziehend, weil sie meiner Vorstellung ein Bild gab für den geheimen Kreislauf, den wechselnden Übergang, in dem Lesen und Sprechen sich ineinander verwandeln. Aus einem Abstieg des Unsichtbaren, vom Kopf herab, auf die Sichtbarkeit des Papiers, und, in der Kehre, von der sichtbaren Letter hinauf zum Mund, zur Zunge, zur Unsichtbarkeit einer Stimme zurück.

Ich hätte das damals niemandem mitzuteilen gewagt. Ich wusste: *die* Theorie hielte außen, der Gedankenkälte anderer, nie stand. Aber innen, in mir allein, gab sie, eben in jenen warmblütigen Bildern, der Geburt des Gedankens in Schrift – einer Form der Fleischwerdung des Geistes – das rechte Vorstellungsgefäß, gleichsam den passenden Mythos. Der war, so schien es, schon vor mir dagewesen. Ich hatte ihn nur bemerkt, ihm Statt gegeben, ihn sich heimlich ausbrüten lassen in mir, während die Erklärung seiner Bilder auf mich erlösend wirkte.

Auch später war ich eine ganze Zeitlang vernarrt in eine Art des Briefeschreibens, die jenes längst vergessene Geheimnis der Übergänge zwischen Letter und Leser mir wieder lebendig machte.

Ich war damals dabei, mich in eine junge Frau zu verlieben, die ihre Briefe an mich auf dem Weg von der Arbeit im Zug schrieb. Weil in den überfüllten Abteilen stets andere neben ihr saßen, eventuell mitlesen könnten, hatte sie sich angewöhnt, in Spiegelschrift zu schreiben, von rechts nach links. Ihre Briefe kamen also nicht ohne weiteres entzifferbar bei mir an.

Sie mussten erst bespiegelt werden.

Das heißt, ich musste liegen und stehen lassen – hier beginnt der Übergang schon, der Transfer, der das Geheimnis in Aktion verwandelt, es in zeitlicher Dehnung, in gelebten Bildern sichtbar macht, fühlbar in Leben verwandelt –, ich musste liegen und stehen lassen, womit ich gerade beschäftigt war, um ins Badezimmer zu eilen, das Licht anzuknipsen, die Tür zu schließen und dann den ausgefalteten Brief in den Spiegel zu heben.

Und jetzt …

Seltsam, in so einem Moment liest man nicht mehr still und leise, was zu lesen ist, sondern flüstert, spricht das mit solcher Handlung errungene, aus dem Spiegel gewonnene Wort aus.

Man *spricht* das gedeutete Zeichen, die Zeichen-in-Folge, die Worte, die Sätze, den ganzen Brief *aus*. Der Prozess der Bespiegelung zwingt die Stimme beim Lesen herbei. Denn: »Was sagt sie hier? Was schreibt sie mir hier?«

Aus dem Spiegel, vor den ich es hielt, trat das Gelesene, kam das Lesen.

Kam nur hier, trat nur jetzt in Erscheinung.

Da wird das Geheimnis wieder lebendig, das uns im Alltag – in unserem heutigen Alltag, darin der handschriftliche Brief kaum mehr begegnet, weil wir irgendwann jemandem glaubten, der forderte, die Welt müsse digitalisiert werden –, nicht mehr nachfühlbar ist.

Da, beim Aufsuchen des Bads und des Spiegels und dem Aufrechthalten des Briefs, damit ihn mein Spiegel mir läse, da wird das Geheimnis, das in der Handschrift verborgen liegt, wieder erlebbar. Ein Geheimnis, das sonst unerlebt, unserem Leben abhandengekommen ist.

Schicksal ist aufbewahrt in ihr, der Handschrift, das größte Geheimnis. Letztlich unsere Individuation, die sich entfaltet im Übergang, dem mehr oder weniger bewusst gelebten Leben, im Übergang, der ihr Geheimnis auffächert. Übergang mit dem Ziel der Entschlüsselung, Deutung der Schrift, Extraktion des Sinns aus dem Geschriebenen.

Aus *uns* Geschriebenen.

Wir sind die Zeichen.

Charakter – *character*: Im Englischen bezeichnet das auch noch den Buchstaben. Ich erinnere mich, am nämlichen runden Esstisch, an dem meine Mutter geschrieben hatte, später als Schüler das altgriechische Verb *charassein* gelernt zu haben, von dem unser Wort »Charakter« stammt.

Charasso: das heisst »ich ritze ein, ich markiere, grabe ein«. Das Wort tönt noch nach jenem Schreibgeräusch – *charassein* –, das beim Handschriftschreiben entsteht. Hier schreibt sich aus, hier ritzt sich ein, was anfänglich in uns selbst eingegraben wurde: der »Charakter«, den wir über ein Leben hin grabend-ausgrabend zu Tage fördern. Weil Charakter zutage gefördert sein will.

Der Charakter ist die Essenz, bildhaft in einer Schrift, und abermals konzentriert in unserem Namenszug, der Unterschrift, unserer Signatur. Die, so scheint mir, gehört ganz uns – und überlebt, wenn wir uns nicht mehr gehören.

Dass der handgeschriebene Name, nein, dass das in ihm Gefasste, von ihm Bedeutete, geheimnisvoll überlebt, lese ich aus einem Traum, der mir drei Jahre nach dem Tod meines Vaters kam.

Da ging ich durch die Hintertür eines Raums, in dem wir meinen Vater noch im Sarg betrauert hatten, nach außen. Ich stand nun allein im Freien, vor mir ein Weg. Und auf diesem Weg, zwei Schritte entfernt:

Ein Häufchen Asche.

Auf deren Spitze – ich beugte mich wohl, es zu lesen – lag ein angesengtes Zettel-Bruchstück. Darauf stand – in seiner Handschrift, seiner Signatur – ein einziges, vom Feuer unbeschädigtes Wort.

Roth.

Der Familienname, mit dem mein Vater immer unterschrieben hatte. Sein Name – vier Buchstaben in der Charakter-Handschrift – war übriggeblieben, hatte seine Einäscherung überlebt. Saß *on top*, inkorruptibel, Sinn und Essenz seiner Asche. Als *sollte* ich genau das sehen, es lag ja vor mir, »auf meinem Weg«.

Da kam ein Wind auf und wehte den Zettel davon, trug ihn nach rechts, aus meinem Traumbild hinaus.

Mir heißt diese Bildersprache: dass die von uns im Lauf unseres Lebens eingeritzte Essenz – bildlich-symbolisch: der Name, in unserer Handschrift geschrieben – die letzte Verwandlung des Körpers, die Trennung von der Materie überlebt. Noch im Fortgetragenwerden vom Wind – dem Geist, der weht, wo er will – bleibt sie, diese individuelle Essenz unseres Menschseins, unseres Mensch-gewesen-Seins.

Mit 22 Jahren zog ich als Filmstudent nach Los Angeles. Rund 40 Jahre später kehrte ich als Schriftsteller nach Deutschland zurück. Man fragt mich heute öfter, was ich an meiner kalifornischen Heimat vermisse.

Als Schriftsteller fehlt mir nichts Wesentliches.

Ich weiß natürlich, was man hören will. Etwa, dass ich das herrliche Wetter dort vermisse, die Hollywood Screenings und die Interviews mit den Filmstars, den Strand von Santa Monica und die Partys in Beverly Hills, die Drehbuch-Sessions in Malibu und die Drei-Uhr-morgens-*ice-cream*-Überfälle auf *Savon's* Supermarkt. Bei solchen *3 a.m. raids* hatte man doch auch den Dude beobachtet, Jeff Bridges in *The Big Lebowski* der Coen Brothers. Und es stimmt, in den Stunden nach Mitternacht fand ich mich manchmal in einsamen, fußballfeldlangen Freezer Sections wieder, ließ die Hand wählerisch zwischen einem letzten Halbliter-Becher *Cherry Garcia* und einem Halbliter-Becher *Chocolate Chip Cookie Dough* hin- und hergehen, bis Eiseskälte die unentschiedenen Finger überzeugte, gleich beide Flavors aus dem Tiefkühlregal in den

Einkaufswagen zu kippen. Ich behaupte also nicht, dass es zu solchen Szenen in meinem kalifornischen Alltag nie kam. Nur, dass ich nachts nicht im Bademantel durch den Supermarkt geisterte.

Von außen betrachtet zwang mich nichts, Los Angeles 2012 zu verlassen. Bei mir waren die Auslöser Träume gewesen, die sich in den sechzehn Monaten vor der Abreise nach Deutschland immer deutlicher meldeten und mir die Richtung wiesen.

Zum Beispiel kam mir etwa ein halbes Jahr vor Antritt der Reise ein Traum, in dem ich drei Männer beobachtete.

Ein geheimnisvoll windiges Rauschen war aus der Ferne zu hören, als sie den Neckar zum südlichen Mannheimer Ufer hin überquerten. Sie benutzen dabei weder Steg noch Brücke, sondern gingen durch den Fluss. Denn da lag, bis auf wenige übrige Wasserlachen, das Flussbett trocken vor ihnen ausgebreitet. Fern links und fern rechts der drei Männer – so wurde mir bewusst, ohne dass meine Aufmerksamkeit von ihnen ließ – stauten sich Wasserwogen, die rauschten wie Wind durch gischtige Kronen. Steinwälle dort stemmten den Strom für die Überschreiter zurück. Noch

gingen die Drei bestimmten Schritts,

gingen auf gleicher Höhe,

gingen einer beim andern.

Neben ihnen her

stapfte als Vierter ein langschweifiger Vogel. Der Pfau, wusste ich, gehörte zu ihnen.

Das alles sah ich vom festen Standpunkt des Ufers aus, dem sie sich näherten.

Und da – im nächsten Augenblick schon – war ich einer von ihnen, ward verwandelt: in einen der Drei. Ich bewegte mich jetzt und sah dabei alles mit Augen, die wie eine wacklig-handgehaltene Kamera sahen: so dass jeder Schritt den gesehenen Bildausschnitt miterschütterte.

Immer näher rückte das andere Ufer. Nur noch fünfzehn Meter. Noch zehn vielleicht, dann wäre's geschafft. Da aber, auf den letzten fünf Metern, sehe ich plötzlich den Fluss vor uns: In engem, tieferem Bett hatte er linksher den fernen Steinwall durchbrochen, strömte nun umso reißender die Böschung des Ufers entlang.

Wir aber, wir hielten nicht an, sondern
sprangen ins schießende Wasser,
schwammen bereits – mussten ja –
mitgerissen.

Und wussten doch: sehr weit abgetrieben würden wir nicht, würden das Ufer schließlich erreichen.

Ich deutete mir den Traum als einen, der *easy passage* verhieß. Das »Gelobte Land« war mir, nach gleichsam 40 Jahren Wanderung durch die Wüste Kalifornien, als deutsches Ufer in Aussicht gestellt, der Neckar jordanisch durchschritten. Dabei verhieß das Mirakel vom leeren Flussbett die wunderbare Mitarbeit des Unbewussten, das meine *transition* fördern würde. Wie mit einem Steinwall würde es seine Wasser zäumen, mir den Weg freilegen – gegen alle rationalen Zweifel und Befürchtungen, die ich zu jenem Zeitpunkt noch hegte. Nur müsste ich zielstrebig ans Werk gehen – so bestimmt wie die Drei mit dem Einen.

Das Bestimmte im Gang der Drei war es auch, das damals schon, aber ganz im Hintergrund des Gefühls, kaum notierbar und doch stets miterinnert am Rand, ein Bild aus *The Wild Bunch* aufscheinen ließ.

Jetzt, bei der Niederschrift, ist es wieder da.

Es geht um eine Sequenz gegen Ende des Films, die so nicht im Drehbuch stand, die Regisseur Sam Peckinpah aber spontan improvisieren ließ. Er wollte unbedingt noch »*that walk thing*« drehen, den letzten Gang seiner Vier.

Da gehen sie,
nebeneinander gehen sie her,

durchschreiten den staubigen Sonnenglast,

gehen bestimmt auf etwas zu,

das getan werden will. Jetzt. In gewissem Sinne aber schon getan, längst getan worden war, und nur nochmals, unstillbar, im Staub wirbeln wollte:

Die Kindheit im Trümmerdunkel, meine Cowboy-verspielten Schritte auf einen gesprengten Weltkriegsbunker zu, der in Karlsruhes Ami-Siedlung beim *Minute Man*-Kino jener Befreier ragte, uns in sich hinein ins Versteck rief, in harte Winkel uns duckte, uns retterisch deckte und Cowboys auf dem bemoost-glatten Zement seiner schiefgebrochenen Schultern Indianern hinterherrutschen ließ.

All das lief mit, als Peckinpah seine Vier den letzten Gang gehen ließ, »*Action!*« rief.

Und dann ging Johnson, ging Oates, ging Holden und Borgnine, der den Engel verraten hatte, gingen alle, ihn zu befreien, diesen Engel, gingen den Gang, der gegangen sein wollte. Bis ins Lager hinein des Pilatus und seiner Soldateska – so sagte Peckinpah, der alles darauf angelegt hatte –, gingen sie geschlossen den Gang, ihren blutiggegeißelten Engel zu lösen. Denn es ging ihnen um das Leben des Einen, ihr Gang ging aufs Eine, aufs Ganze.

So ein Traum kann die Botschaft positiv äußern, dir das andere Ufer in nächste Aussicht stellen, als sei die Passage dorthin relativ leicht zu bewältigen. Oder er kann dir mehr oder weniger drastisch zeigen, dass es, wo es jetzt noch durchaus wohnbar erscheint, kein Weiterleben für dich gibt. Du träumst dann in Bildern, wie wir sie auch von Menschen kennen, die Schwierigkeiten haben, sich von den Eltern zu trennen, eine Abhängigkeit aufzugeben, oder denen nicht bewusst wird, dass eine bestimmte Beziehung nicht mehr lebensfähig ist: das fasst der Traum nicht selten im Bild vom abgebrannten Haus. Im Traum weiß man, dass es von den Eltern oder von dir und dem geliebten Mann oder der geliebten Frau bewohnt wurde.

Jetzt brennt das Haus nieder oder liegt als Aschehaufen vor dir.

Wenn ich mich recht erinnere, träumte mir etwas in dieser Art schon vor vielen Jahren: Ich saß mit einer kleinen Gruppe von Freunden – sie hätten aus Nathanael Wests Roman *Der Tag der Heuschrecke* stammen können – in einer Sitzbucht bei *Musso & Frank's*. Das ist das älteste Restaurant, 1919 erbaut, das heute noch auf dem Hollywood Boulevard steht. Wir sitzen dort also, da ereignet sich ein kleines Beben. Nichts Ungewöhnliches im Alltag. Auch im Traum beachteten wir es zunächst kaum.

Plötzlich sehe ich, dass ein Backstein splitternd durch die dunkle Holzvertäfelung der Wand neben mir ruckt.

Wir schauen uns an –

und jeder weiß: das könnte ein größeres Ding werden. Dann ist es soweit. Erste Mauerstücke zerreißen die herbstroten Wälder bemalter Tapeten, brechen jagend auf uns herab, die Sitzecke bebt jetzt so stark, dass wir Mühe haben, uns aus ihr heraus in den Gang zu bewegen. Ich schnappe mir noch den »Zwerg«, einen kleinwüchsigen Mann, der zu unserer Runde gehört und unter den Tisch gefallen war, helfe ihm auf und trage ihn in den Armen so schnell ich kann die Treppenstufen zum Hinterausgang auf den Parkplatz hinaus, da … – bricht mit der nächsten Erschütterung schon das ganze Gebäude zusammen.

Es war Hollywood, das damals zum ersten Mal in mir zusammenbrach. *Musso & Frank's* war eines der Wahrzeichen der alten Garde – der Filmemacher der zwanziger, dreißiger und vierziger Jahre –, in deren Filme ich mich, gleich nach dem Abitur, in der *Cinémathèque* und anderen Pariser Kinos verliebt hatte.

Das vom Erdbeben unwohnbar gemachte Haus ist mit jenem Motiv vom abgebrannten nahezu identisch – auch hinsichtlich der eigenen, noch unbewussten Abhängigkeit, die ein solches Traumbild ja impliziert und eindrücklich zu beenden sucht. Man kann auf verschiedenste Weise süchtig sein nach oder in Hollywood und damit in einer unbewussten Identifikation mit dem

Komplex leben. So ein Traum kann ein erster *wake-up call* sein, wenn man sich fragt: Warum träumt mir so etwas? Warum jetzt, zu diesem Zeitpunkt in meinem Leben? Und warum sitze ich im Traum ausgerechnet bei *Musso & Frank's*? Noch dazu mit einer Truppe wie aus Wests *The Day of the Locust*? Wests Roman, den ich Jahre zuvor gelesen und sehr geschätzt hatte, war ja selbst mit Endzeit-Plage und Exodus assoziiert, mit einem biblischen Ende, jenem Bild, an dem Wests Maler arbeitete: »Hollywood in Flammen«. Wenn ich nach einem solchen Traum aufwachte und *Musso & Frank's* vermisste, mich gar ins Auto setzte, um gegen drei Uhr Nachmittag an seinem hölzernen Tresen die letzten *flannel cakes* zu bestellen und Gimlets zu trinken, dann hatte ich den Traum einfach nicht verstanden. Gott sei Dank hatte das Unbewusste große Geduld mit mir und meldete sich über Jahre hinweg immer wieder auf verschiedene Weise, bevor der Groschen fiel und ich auf einen solchen Traum antworten konnte.

Was die Sprache betrifft – die mundartliche meiner Heimat Karlsruhe, auch die literarische, die Sprache Hölderlins, Trakls und Celans –, ist mir Deutschland immer Heimat geblieben. Das ist insofern bemerkenswert, als ich während der 40 Jahre in der babylonischen Stadtwüste eher selten mit Deutschen zusammentraf.

Fünfundvierzig Jahre ist es her, da wollte mir ein enger Freund vor meiner Abreise nach Amerika einen Band seiner Stuttgarter Hölderlin-Ausgabe mitgeben. Ich konnte Rolfs Geschenk damals nicht annehmen, weil ich zu gut wusste, was die »Gedichte nach 1800« auch ihm bedeuteten.

Noch heute bleibt Hölderlin für mich größter Dichter deutscher Sprache. An seine Hymnen reicht keiner heran. Ich erinnere mich allerdings gut, dass wir – es war wohl ein paar Jahre vor dem Abitur – seine spätesten Gedichte noch höher schätzten, weil uns das Rätselhafte in ihnen mit Weisheit gepaart schien. In ihr, dieser Weisheit, wie wir sie lasen, war das einfache Wort von so schweigengebietender Schönheit, dass wir »Weisheit im Alter« zum ersten Mal projizierend vor uns zu sehen glaubten: Und natürlich war sie entfernt, war sie entrückt, war sie »umnachtet« – für die nämlich, die nicht Augen hatten zu sehen und die nicht hören *sollten*.

Mitten in der Jugend war damals etwas wachgeworden fürs Altsein. Denn wir glaubten zu ahnen, dass es dereinst, »im Alter«, möglich sein könnte, zu sehen wie Hölderlin sah – über das Klirren der Fahnen hinaus –, das Symbol zu schauen am anderen Ufer unserer Welt und erkannt zu sein in turmempfangener, allesergänzender Vision. Vermessen dachten wir damals: Was immer er erfahren hatte, wäre es nicht höchster Lohn, so zu schauen in lebendigem Wort?

Zu dritt waren wir im April 1970 zum Hölderlinturm gepilgert. Ein Klassenkamerad, Kai, wollte uns im Wagen seiner Eltern nach Tübingen fahren. Auf geheimnisvolle Sondergenehmigung hin besaß der Sechzehnjährige bereits einen Führerschein. Auch in anderen Dingen, seinen Film- und Literatur-Kenntnissen, war er uns voraus. Ich erinnere mich, dass er mir *Die Niemandsrose* Celans während einer langweiligen Deutschstunde heimlich über den Gang zwischen den Bankreihen hinweg zuschob. Als ich hinsah, lag der schmale Band bereits aufgeschlagen und Kai nickte mir zu: Lies! Da las ich zum ersten Mal:

Tübingen, Jänner

Zur Blindheit über-
redete Augen.
Ihre – »ein
Rätsel ist Rein-
entsprungenes« –, ihre
Erinnerung an
schwimmende Hölderlintürme, möwen-
umschwirrt.

Besuche ertrunkener Schreiner bei
diesen
tauchenden Worten:

Käme,
käme ein Mensch,
käme ein Mensch zur Welt, heute, mit
dem Lichtbart der
Patriarchen: er dürfte,
spräch er von dieser
Zeit, er
dürfte
nur lallen und lallen,
immer-, immer-
zuzu.

(»Pallaksch. Pallaksch.«)

Man kann sich heute vielleicht nicht mehr vorstellen, warum mir die Tränen kamen. Das Gedicht war ja nicht verstanden. Nicht im geringsten. Nur dass es um Hölderlin ging und etwas von ihm wieder heraufbrachte. Dass der, der käme – denn ich sah ihn kommen, sah das »käme« erfüllt, sah ihn heraufsteigen –, dass dieser Mensch, der käme, das Geheimnis heraufbrächte: Ein Arrheton, ein unsagbares Wort, das uns alle verwandeln würde.

Solche Vorstellungen kamen auf, als ich's las und verstehen wollte und gleichzeitig froh war, nicht zu verstehen. Und doch noch verstehen wollte, dass mit »zur Blindheit überredeten Augen« vielleicht angespielt sei auf den bewussten Rückzug Hölderlins, den wir ihm alle wünschten, so als liefe das Rennen noch, als sei er mit uns noch nicht am Ziel. Denn wie könnte ein Irrer, ein »Wahnsinniger« uns so tief erreichen? Wir waren

Gleichzeitige, *wollten* es sein, uns dazu überreden – und die Tränen waren mir gekommen, weil Celan, ein Kontemporärer, in
diesen Zeilen ihn so erfasst hatte, so gleichzeitig mit ihm geworden war, dass unser Glaube, denn es war Glaube, bestätigt
wurde. Celan hatte ihn gesehen, hatte etwas berührt, das lebendig war. Und jetzt wollten wir nach, es auch »anzufassen«.

Wie gesagt, so ähnlich muss es in uns gegeistert haben.

An einem Sonntag dann fuhren wir los. Ich weiß, es war der
19. April – denn Kai sprach auf der Hinfahrt vom »*shot heard
'round the world*«, dem Schuss, der »heute, vor knapp 200 Jahren, den amerikanischen Unabhängigkeitskrieg auslöste«. John
Fords nächster Film sollte das werden, sagte Kai, der schon das
Buch gelesen hatte, auf dem Fords Film beruhen würde. Und
der Titel?

»*April Morning*«, sagte Kai stolz, als hätte er ihn gerade er-
funden.

Wie großartig dieser Titel in unseren Köpfen klang, wie pas-
send und würdig nicht nur für Fords nächsten Film – vielleicht
wär's ja sein letzter. Auch unsere Fahrt zum Hölderlinturm
stand nun in diesem Zeichen: »*April Morning*«. Heute würden
wir heiligen Boden betreten, an jenem Ufer, an jenem Fenster
stehen, von dem aus, unten im Fluss, »schwimmende Hölderlintürme« zu sehen wären. Das war unser *shot heard 'round the
world*: die ganze selbstgesteuerte Autofahrt war ein Aufbruch in
die Freiheit, eine Reise zu den Göttern, wie sie sonst Mythen
erzählen.

Als wir ankamen, war der Turm geschlossen.

Dass wir das nicht auch nur einen Moment lang bedacht
hatten! Wie Kinder, die eins noch sind mit dem gewünschten
Objekt, das ihnen daher offensteht, sich öffnen *muss*, es kann
ja nicht anders sein, hatten wir uns zu solcher Blindheit nicht
überreden müssen. Wir waren's noch, blind – und ungläubig-
verärgert, als die Tür nicht aufging und wir auf unser Recht

pochten. »Ruhetag«. Wir schlugen mehrfach an, als säße dahinter einer, der uns böswillig den Zugang versperrte.

Also würden wir nicht dort stehen, dort oben am Fenster, hinabsehen auf den Fluss, auf das Fließen der Wasser, wie Hölderlin sie betrachtet hatte.

Kai meinte, sein Experiment ließe sich auch so durchführen, wir müssten dafür nicht in den Turm.

»Im übrigen«, sagte er, »der Turm, den Hölderlin bewohnt hatte, ist ja längst abgebrannt. Noch im 19. Jahrhundert. Und der Turm davor, also der, in dem Hölderlin wohnte, war nicht rund gewesen wie der da, sondern achteckig, wie ein Taufbecken«, meinte Kai. Der Sockel aber, auf dem der Turm steht, habe im 13. Jahrhundert noch zur Stadtmauer gehört. »Reicht also in Zeiten zurück, als man drüben in Paris einen Eichenwald opferte, damit Notre Dame unter die Haube kommt.«

Wir verstanden nur die Hälfte vom dem, was Kai da erzählte, aber ich erinnerte mich an ein gemaltes Bild aus Hölderlins Zeit im Turm, auf dem vorbeiziehende Flößer zu sehen waren. Sekundenlang waren sie unterwegs, den Fluss zurück in der Zeit, zurück nach Paris.

Das Experiment, das Kai ausführen wollte, hatte er uns so schon vor ein paar Tagen demonstriert. Er war bei Verwandten der Mutter in Ludwigsburg gewesen und hatte dort das Schlagen einer alten Standuhr, sie schlug zwölf mal, mit seinem neuen Kassettenrecorder auf Band aufgenommen. Die Standuhr stammte aus Monsheim bei Worms, war 1780 gebaut und später angeblich in ein Haus geschafft worden, das sich – noch heute – seitlich hinter dem Haus mit dem Turm befand. Kai hatte uns das Band vorgespielt:

»Das sind Töne, die Hölderlin gehört haben könnte! Genauso – unverändert so.«

Ich hörte Töne, die klangen stimmgabelhell, schlugen durchdringend laut, gemessen und sicher. Darunter aber ließ sich, zwischen den Schlägen, ein helles, ungeduldiges Scharren vernehmen, wie aus einem fernen Saal. Etwas an diesen Tönen, denen wir andächtig lauschten, als hörte, zum Mittag ans Fenster getreten, Hölderlin sie gerade jetzt …, etwas an ihnen trieb in den Spitzen, den Tonspitzen, Schlieren aus Hölderlins Zeit heran, trieb das Zerflossen-Vergangene, das sich in ihnen verfangen hatte, vor sich her wie die Spitze einer Abtastnadel den Staub in den Rillen der Tonspur. Es war, als hörten wir ein Tondokument aus jener Zeit.

Die Frage, die das Experiment jetzt beantworten sollte, war: Hätte Hölderlin die Schläge der Standuhr aus der Entfernung – etwa 22 große Schritte zählten wir von jenem Haus, schritten erst Rolf, dann ich nochmals ab –, hätte er sie gehört? Sagen wir im Sommer, bei

geöffneten Fenstern?

Bei Windstille?

An einem

Sonntag wie heute?

Ich erinnere die Details nicht mehr, aber wir kamen zu keinem eindeutigen Ergebnis. Möglich war's, aber die ganze Sache doch ziemlich unbefriedigend. Das Experiment, sein ganzes Hin-und-Her, das Lauterstellen, Umstellen und Verrücken des Kastens, entzauberte alles, was die Tonaufnahme der Standuhr vor Tagen noch wirklich werden ließ: Zeitgleichheit mit ihm, mit Hölderlin, die uns Schlag für Schlag näher rückte.

Wir zogen dann auf die Plataneninsel, standen dem Turm gegenüber. Rolf holte den Band mit den »spätesten Gedichten«, den er im Auto gelassen hatte, während Kai und ich eine Weile lang still am Ufer standen, aufs Bild des Turms konzentriert, der sich im Neckar spiegelte.

»Die Fenster … das schwimmende Fenster dort«, sagte ich. Und meinte damit: Dort ist es offen. Ich nahm an, Kai sah es wie ich. Denn erst, wenn man aufsah, am Turm empor, war eindeutig, dass es geschlossen war. Sobald man aber die Augen zurückführte, am Turm herab, die Spiegelung dort im Wasser erreichte, schien es wie aufgetan.

Rolf kam mit dem Buch und suchte in den Gedichten, die Hölderlin nach den Hymnen verfasst und dort im Turm geschrieben hatte. Wir lasen ein Wintergedicht, ein Sommergedicht, dann las Rolf die folgenden Zeilen – und mir war, als hörte ich dahinter, aus der Entfernung, das Schlagen der Standuhr, darunter ihr Scharren, ihr dunkelstündiges Scharren.

Die Linien des Lebens sind verschieden
Wie Wege sind, und wie der Berge Gränzen.
Was hier wir sind, kan dort ein Gott ergänzen
Mit Harmonien und ewigem Lohn und Frieden.

Die letzte Zeile war noch nicht ausgelesen, da schlug etwas ein wie ein Schuss. Als hätte jemand aufs Fenster im Fluss geschossen. Ich erinnere:

Das Bersten der Wasseroberfläche.

Kai war plötzlich die Böschung hinabgerannt, mit einem Kopfsprung im Wasser gelandet und unter der dunklen Oberfläche verschwunden.

Dort, wo das Fenster war.

Wir dachten beide dasselbe: Spinnt er jetzt? Wir sahen uns sogar um: Rennen sie jetzt herbei, Tübinger Bürger, die das gesehen hatten?

Aber niemand außer uns hatte's gesehen, *Ruhetag*, hier war niemand.

Sogar die Spiegelung auf dem Wasser – wie von Kinderhänden nur eine Zeitlang zerschlagen,

fügte sich wieder zum Fenster.

Würde sich schließen.

Aufgeregt ging ich einige Schritte am Ufer entlang, aber durchs Dunkel der Wasseroberfläche hin war nichts zu erkennen.

»Ich sag dir's, der hat sich den Kopf aufgeschlagen«, hörte ich Rolf noch sagen. Dann stieg ich ins Wasser, schwamm bis zum Fenster, holte tief Luft und tauchte hinab.

Bis auf den Grund.

Tief war es hier nicht. Zwei, höchsten drei Meter vielleicht. Aber die Sicht war schlecht, und wohin ich mich wandte:

Kai nicht zu sehen.

Wenn er sich Kopf oder Genick beim Sprung aufgeschlagen, verletzt hätte ... – könnte es den Bewusstlosen schon abgetrieben haben?

Ich schwamm noch ein paar Meter nahe am Grund des Flussbetts, bis mir die Luft ausging. Auch vor Aufregung, die mein Zeitgefühl dehnte. Ich weiß noch, ich tauchte irgendeinem rostig-metallenen Rad zu, das, halb im Schlamm vergraben, mich mit seiner Nabe pupillenstarr zu fixieren schien. So dass, je näher ich auf es zutrieb, mir etwas wie Wahnsinn vor Augen trat, mit jedem Schlag meines Herzens, dazwischen ein Scharren, die Wirklichkeit dieses Wahnsinns: dass, was nicht wahr sein durfte, unleugbar wahr geworden war.

Jetzt.

Als mir der Atem ausging, beim Auftauchen noch, kam mir das hilfloseste der Bilder: wie ich, heute Nacht müsste es sein, bei den Eltern Kais klingeln würde, um ihnen zu sagen, dass –

Er saß auf der Böschung, Kai, dem Turm gegenüber. Durchnässt, fröstelnd, die angezogenen Knie von den Armen umfasst. Reuig oder euphorisch, ich konnte es aus der Entfernung nicht erkennen.

Rolf jedenfalls winkte mir zu, als er mich auftauchen sah. Wut und Entsetzen standen in seinem Gesicht, als er den Hölderlin-Band beidhändig über sich hob, wie Mose die Tafeln beim Zerschlagen des Gesetzes.

April Morning war dunkel beendet.

Zehn Jahre später fand ich genau diesen Band, Hölderlins *Gedichte nach 1800*, in einem *Used Books*-Laden auf Vermont Avenue, der vor allem Bücher aus dem Nachlass von Exilanten verkaufte. Ihn unverhofft wieder in Händen zu halten, dafür zu bezahlen und aus dem Laden, über den Hollywood Freeway hinweg, nach Hause zu tragen, fühlte sich damals recht an und »reif«. Es war eine Art Heimat-Tragen: Jetzt trägst du *sie*. Und nicht mehr umgekehrt.

In solcher Anmaßung – als könnte man sie je tragen, die Heimat, die ertrunkene Heimat in Hölderlin –, legte ich den Geretteten neben mich auf den Beifahrersitz und fuhr westwärts nach Hause zurück.

In den ersten sechs Jahren lebte ich in Hollywood und West-Hollywood, intensiv damit beschäftigt, mir das amerikanische Englisch anzueignen. Ich schrieb Drehbücher, bemühte mich, ein Ohr für den amerikanischen Dialog zu bekommen. Bis mir auffiel, dass sich nicht nur Wortfindungsstörungen beim Briefeschreiben nach Deutschland häuften, sondern sich auch die Erinnerung an meine persönliche Geschichte dort – an Erlebnisse, Gefühle und Menschen, die ich in Deutschland kannte – aufzulösen drohte. Ich verstand, dass diese Erinnerung in meinem Fall fast gänzlich an Sprache gebunden war. Die Sprache war Heimat, das hieß: ein sprachlich-seelischer Urgrund, auf dem ich wachsen durfte, völlig unbewusst noch, als die Sprache in ersten Worten zu mir kam, sich um die Dinge flocht, um Menschen, Gefühle und Ereignisse breitete und sie mit mir verband. Die frühe Spanne selbstverständlicher Offenheit, wehrlos kindlichen Vertrauens in die Welt, die aus dieser Sprache zu dir spricht, ist, wenn die zweite Sprache nicht sehr früh hinzukommt, kaum mehr einzuholen. Wenn Sprache dann in der zweiten – sagen wir in der amerikanischen – wieder Heimat wird, dann geschieht es durch weitaus komplexere, assoziative und kritische Filter hindurch. Bewusstsein kommt hinzu, und die Heimat im neu erworbenen amerikanischen Wort – sie ist erfragter Grund, auf dem ich stehe, und fühlt sich anders an als jene erste gegebene Heimat, jener fraglose Grund.

Ich erinnere mich noch an einen Moment wenige Monate nach meiner Ankunft, als ich im Spätherbst 1975 mit ein paar Bekannten in einem offenen Wagen durch Beverly Hills gefahren wurde und wir gerade Wilshire Boulevard in südlicher Richtung überqueren wollten. Die Überquerung verzögerte sich etwas, weil sich der Fahrer zunächst in die falsche Spur auf Rodeo Drive eingeordnet hatte. Dabei fiel mein Blick auf das *Beverly Wilshire Hotel* mit seinen großen Markisen. Diese Markisen wiederum erinnerten mich an ein Filmerlebnis. Zwei Jahre zuvor, es muss in Paris gewesen sein, hatte ich zigmal Peter Bogdanovichs Schwarzweißfilm *Paper Moon* gesehen. Etwa zehn Minuten vor Ende des Films gelangen Addie und Moze (Tatum und Ryan O'Neil) nach St. Joseph, Missouri. Dort kommt es zu einer ganz bestimmten Kamera-Einstellung, einem Filmmoment, der sich mir eingeprägt hatte. Das Bild zeigt eine staubig-leere, sonnenverbrannte Stadtstraße am frühen Nachmittag. Es ist die Sicht Addies, des kleinen Mädchens, das seinen Vater erwartet, ihn aber nirgendwo sieht.

Sie blickt die leere Straße hinab.

Da …

»Addie …«

Hört sie ein Flüstern?

»Addie …«

Windgetragen.

Woher?

Sie blickt sich um …

sieht nur

leere sonnenverbrannte Straße.

»Addie …«

Sie sucht … hebt die Augen.
Da!
Eine staubige Ladenfenster-Markise.
Sanft rüttelt daran eine Brise Wind.
Bruchsekunden strafft sie das Tuch,
fällt der Wind und verfliegt,
flattert es nach, lässig-verschlafen
das Tuch der Markise.

Dieses friedvolle Geräusch des im Windspiel sich straffenden, wieder lockernden Tuchs war mir so angenehm, dass ich im Kinosaal manchmal die Augen schloss. Es war dann, als stäche der Laden in See. Oder als breite sich aus frühester Kindheit ein Badetuch aus – von Mutterhänden im Ruck ausgeschlagen, mich zu empfangen.

Das war die Sekunden-Assoziation zu den Markisen des *Beverly Wilshire Hotel* – und wir befanden uns damals immer noch im Auto auf der Kreuzung davor. Sofort fragte ich also die Amerikaner im Wagen und deutete auf die nächste Markise:

»*What do you call this?*«

Da hörte ich es zum ersten Mal, mitten auf jener Kreuzung. Und ich erinnere mich, wie ich es anzog, dieses herrliche Wort, es wiederholte, sobald ich sie sagen hörte:

»*That's an awning.*«

»*Awning* …«

Ich erinnere mich, wie ehrfurchtsvoll ich es kostete: »*awe*«-*ning*, und fand, dass der Wind es leicht aufgeplustert hatte: *awww-ning*, dass der Stoff des Worts wie seewärts sich dehnte, so dass ich unter ihm zeltete, *awesome* im Schatten des *awwwe* … dieses *awnings*, und dass es im Wort sich vollendet abbildete, das heißt: himmelgleich über mir ausbreitete, wofür es stand und für mich immer stehen wird.

Die kleine Kreuzung in Beverly Hills war mir Heimat geworden, wird es mir immer sein. Denn aus jenem Moment selbst kam so viel Hoffnung, Zuversicht auf die Trefflichkeit der ganzen Sprachwelt des Amerikanischen, die noch vor mir lag, auf diese herrliche Sprachmusik also, die der Welt so aufs amerikanischste entsprach.

Das wäre ein kleines Beispiel für Heimat als dem erfragten Grund, auf dem ich dann stehen konnte. Die Sprache des Films als Praxis, die Sprache und Bilder der Religion – das Beten zum Beispiel –, die Beschäftigung mit der Tiefenpsychologie und den Bildern des Traums, nicht zuletzt: das Autofahren, das alles kam erst in Los Angeles und in Verbindung mit der amerikanischen Sprache hinzu.

Aus solchen Erfahrungen entstand ganz natürlich die zweite Heimat.

Ich hatte Deutschland immer mal wieder besucht, etwa einmal im Jahr. Auch insofern war mir das Land nie fremd geworden. Eher würde ich sagen: Wir haben uns beide verändert, sind gewachsen.

Für meine Arbeit ist ein ruhiger, einigermaßen geordneter Alltag notwendig. Um den habe ich mich gleich nach der Rückkehr bemüht. Es hat ein paar Monate gedauert, aber dann trafen auch die 300 Bücherkisten hier ein, von denen ich mich nicht glaubte trennen zu können. Idiotisch. Denn die Entscheidung des Unbewussten, der ich bis dahin gefolgt war, besagte doch: Trennung. Jetzt sind sie zwar nah, aber getrennt von mir aufbewahrt, in einem Keller gegenüber meiner Wohnung am Mannheimer Neckarufer. Eigentlich als gäbe es sie nicht mehr. Und seltsam: ich vermisse sie nicht, auch nicht im Traum. So lernt man langsam, was wesentlich ist.

Nein, die wirklich neue Erfahrung nach der Rückkehr bestand nicht darin, dass mir Deutschland fremd geworden wäre. Eher war es umgekehrt: ich war für Deutschland ein Fremder geworden. Ich war jetzt offiziell Ausländer, hatte mich auf dem Ausländeramt zu melden, wartete, wie alle anderen, fünf Jahre, bis man mir eine Niederlassungserlaubnis gewährte. Und bin dem Land und den Behörden dankbar dafür. Denn das Land hat ja kaum etwas von mir. Was hätte es schon von einem Schriftsteller, der wenig und unregelmäßig verdient? Und doch fühle ich mich hier wieder ganz, in der Nähe der Maulbeerinsel, an der Neckarschiffer, Vorfahren meiner Mutter, auf ihren Kähnen einst vorbeitrieben, wieder zu Hause.

Ist das eine Illusion?

Es ist eine psychische Tatsache.

Denn mit »hier« meine ich, nach so vielen Jahren im Ausland, nicht den Gegensatz zu »dort«, nicht Deutschland im Gegensatz zu Amerika. Ich meine nicht das Äußerliche, das Außen. Die Heimat – vielleicht ist das die große neue Erfahrung seit der Rückkehr – ist nicht »hier oder dort«, sondern ist »*intra me*«, ist »mitten in mir«. Das heißt, Heimat hat sich mir als ein Aspekt der Seele offenbart. Sie ist ein Bild nicht nur des in Deutschland und Amerika gelebten äußeren Lebens, sondern der Verbindung dieses Lebens mit dem Innern der Psyche, mit einem numinosen Urgrund also, der *entós hēmōn*, das heißt »mitten in uns« zu finden wäre und der mich, wenn er erwacht oder ich mir seiner bewusst werde, ganzmacht. Das war nicht vorauszusehen, stand nicht auf meinem Plan. Das Bild, an das Heimat da erinnert, ist selbst Abbild eines Unberechenbaren, eines archetypischen Bilds, das sich wie ein *Dissolve* hinter Heimat verbirgt. Jesus, als man ihn nach dem Kommen des Gottesreichs fragte, sprach von diesem Bild:

»Das Reich Gottes kommt nicht so, dass man's mit Augen sehen kann; man wird auch nicht sagen: Siehe, hier! oder: da! Denn siehe, das Reich Gottes ist mitten in euch.«

Ich hätte dem Deutschen nie so nachgespürt, wenn ich im Land geblieben wäre, da bin ich mir sicher. Die Sprache hatte in Los Angeles ihr Selbstverständliches verloren. Vielleicht weil sie sich selbst neu verstehen wollte, besser: weil sie Neues verstehen wollte. Das Neue war ja, was mir die Entwicklung dann brachte.

Das Neue war das Eigene, von dem ich noch nichts wusste. In Los Angeles wurde es möglich, das Haus der eigenen Sprache von außen zu betrachten. Es sogar zu verlassen, sich ganz von ihm abzuwenden, und, eine Zeitlang wenigstens, »Sprachverrat« zu begehen. Bis sich wieder – unverfälscht, neu, dringlich – ein Durst nach dieser Sprache einstellte, eine Sehnsucht danach, das Haus, das man so nicht mehr betreten konnte, neu zu bauen.

Einmal war ich mit meiner Frau und einem französischen Ehepaar im Yosemite-Nationalpark unterwegs. Am dritten Tag der Wanderung stellten wir fest, dass wir kein Trinkwasser mehr hatten. Wir hatten keine brauchbaren Karten dabei, wussten auch nicht genau, wo wir waren. Wussten irgendwann nur, dass wir, zumal bei der Hitze, schwächer wurden und unbedingt Wasser finden müssten. Wir gingen immer noch auf einem Pfad – jedenfalls schien uns, dass andere ihn mal benutzt hatten –, in der Erwartung, hinter jeder neuen Steigung auf bepfeilte Schilder zu treffen:

DRINKING WATER AHEAD

Ich verfiel solchen Phantasien, weil die Erschöpfung zugenommen, der Durst wirklich dringend geworden war.

Irgendwann gaben wir auf. Die beiden Frauen konnten nicht weiter. Die Französin hatte Atemnot, verständlich, denn der Sauerstoff in der Luft war knapp geworden auf dieser Höhe. Meine Frau hatte Schmerzen im linken Bein, eine alte Schwäche, die sich schon am Vortag gemeldet hatte. Ich ging, weil uns ja gar nichts anderes übrig blieb, mit dem Franzosen vom Pfad ab. In die größere Wildnis, nach links.

Steiles Gelände.

Viel Gestrüpp.

Ich weiß noch, wir beeilten uns. Bei dieser Eile war Unglaube im Spiel: Das kann *uns* doch nicht passieren! So *kann's* doch nicht ausgehen! Aber auch Panik, die sagte: Wenn wir nicht bald was finden … In zwei, drei Stunden würde es dunkel werden. Bis dahin müssten wir zurück sein, zurück *finden*.

Und dann – vielleicht, weil wir nicht mehr miteinander sprachen, nur noch stumm hintereinander weiterhasteten – höre ich an einer steileren Stelle, wo ich die Schritte verlangsamen muss, um nicht abzurutschen

Geräusch

rechts vor mir am

Hang – ein …

Rieseln.

Und wir legen's frei, sehen – schon die Hand ist feucht, als sie das deckende Grün trennt, es ungeduldig zerreißt – Wasser am Bergrücken herabrinnen. Es glänzt jetzt sogar: vom Licht getroffen strahlen zwei, drei, vier dünne Linien träufelnden Wassers, engläufig erst, dann von Felszacken getrennt und wiederverflochten, kreiselnd und rieselnd herabwärts, sich breiter zu schnüren.

Wir haben abwechselnd den Kopf hingeschmiegt, in die felsige Seite hinein, das Wasser mit offenem Mund aufzunehmen. Nie mehr in meinem Leben habe ich etwas getrunken, was auch nur annähernd so wohlschmeckend kühl, so wiederbelebend, so euphorisierend war wie dieses Geriesel.

Vielleicht ist das jenem Durst auf die eigene Sprache vergleichbar, der man sich entfremden muss, um sie wieder zu finden. Man kommt zu ihr zurück, nicht weil man kann, sondern aus Not, weil sie Überleben bedeutet. Zum ersten Mal erweist sie sich als elementar notwendig. Dieses Grundsätzliche der Not, die ich empfand, war auch Voraussetzung für die Richtung, in der ich nach meiner Sprache suchte. Ich ging gleichsam »links vom Pfad ab« – »links« ist die Richtung ins Unbewusste auch in Träumen. Und stieß dabei auf das für mich Wesentliche: die elementaren, die archetypischen Bilder, in denen Mythos und Religion Ausdruck finden. Die Suche selbst muss so elementar-notwendig werden, wie das Wesen ihres Ziels es ist.

Zwei Monate nach dem Erdbeben vom 17. Januar 1994 war mir Deutschland als Heimat überraschend gegenwärtig. Nicht nur, weil Siegfried Unseld schon wenige Tage darauf einen Originalbeitrag für die Ankündigung von *Riverside* in der Roten Reihe forderte und mit diesem Auftrag meiner Depression nach dem Desaster entgegenwirkte. Ich erhielt auch ein Care-Paket vom Verlag: Die damalige Leiterin der Wissenschaftsabteilung hatte mit einer Sammlung für mich begonnen.

Die Gegend, in der ich wohnte, sah nicht nur angeschlagen aus. Manches erinnerte mich an Karlsruher Ruinen aus den fünfziger Jahren, die damals zum Alltag gehörten. Überall in Sherman Oaks gab es Wohnkomplexe, die nach dem Erdbeben *red tagged* waren: wegen Einsturzgefahr nicht mehr betretbar. Manchmal waren ganze Straßen – jedes Erdgeschoß lag erdrückt – zu Ghost Streets geworden: hier wohnte niemand mehr. Auf rasch angenagelten Sperrholzplatten, mit denen man Fensterfronten sichern wollte, hatte eine Hand die Nachricht vermerkt: *We're at Vince & Flora's* – und mir war, als erkennte ich die Handschrift von Trümmer-Fotos aus der Zeit unmittelbar nach dem Krieg.

Meine Apartment-Anlage war noch bewohnbar, ich hatte insofern Glück gehabt. Die Küche hatte ich schon in den ersten Tagen danach leergeschaufelt, aber sie roch immer noch stark nach Scherbenhaufen mit Teriyaki-Sauce. Im großen Wohnzimmer hatte das Beben sämtliche Bücherregale geleert, die Gestelle aus der Wand gerissen. Die Bücher standen jetzt in Stapeln im Zimmer verteilt, denn die Wände selbst warteten noch auf Handwerker, die ausbessern mussten.

Der Videorecorder und der Fernseher – beide vom Tisch geschleudert, der Bildschirm zersprungen – schienen Totalschäden zu sein. Aber ein Abspielgerät für europäische Videoformate und der dazugehörige PAL-Monitor funktionierten noch. Nur der Ton des Monitors sprang nicht mehr an. Immerhin hatte ich gerade auf diesen Geräten ab Mitte der achtziger Jahre Antonionis große Trilogie für mich wiederentdeckt: *L'Avventura*, *La Notte*, *L'Eclisse*, auch Ermanno Olmis *Als die Zeit stillstand* in einer deutsch synchronisierten PAL-Videokopie zum ersten Mal gesehen, ebenso Rossellinis *Il generale Della Rovere* mit De Sica. Und – eines der für mich wertvollsten PAL-Videos – *Das Schweigen des Meeres*, Melvilles erster Film, ein wirkliches Meisterwerk, liebevollst und mit großem Können von der DEFA synchronisiert.

Etwa zwei Monate nach dem Beben meldete sich Ed, der Eigentümer von *Eddie Kowalski's TV-Repair* (ich hatte Wochen zuvor auf seinen Anrufbeantworter gesprochen), den die Tatsache, dass es sich um kein US-Gerät, sondern um einen stummen europäischen Fernseh-Monitor handelte, nicht abschreckte, eher neugierig zu machen schien. Aber auch er wollte nicht, dass ich die Geräte zu ihm in den Laden bringe; seine Werkstatt stünde randvoll mit dringenden Jobs. Lieber käme er kurz bei mir vorbei, sich den Schaden mal anzusehen.

Ich erinnere mich an einen kleinen Mann, der mit rötlichschütterem Haar, geröteter Stirn und geröteten Ohren in mein Wohnzimmer trat, als sei er verschämt oder aus der Kälte zu mir gekommen. Ich entschuldigte mich für die Unordnung und führte ihn und den Handwerkzeugkasten, den er trug – auch der war rot – hinter einige Bücherstapel zu den Geräten, die ich damals aus Vorsicht vor weiteren Beben auf dem grünen Shag-Teppich abgestellt hatte. Irgendwann war er mit dem Abschrauben der Rückplatte des Monitors beschäftigt. Er hatte sich hingekniet und massierte, nachdem er die losen Schrauben auf seinem aufgeklappten Kasten platziert hatte, die Gegend überm rechten Knie. Vor einem Jahr habe er sich einer größeren Knie-Operation unterziehen müssen, sagte Ed.

»Nach 70 Jahren war Schluss«.

Er streichelte liebevoll das neue Knie. »Haben sie im VA Hospital bestens repariert.« Das klang kollegial stolz auf die Chirurgen im Veteranenkrankenhaus und das neue Teil, das sie eingebaut hatten.

Wenig später stellte Ed fest, dass irgendein *switch* im Innern meines Monitors zerbrochen war, dies und das verlötet werden müsste. Dann sollte der Monitor-Sound wieder funktionieren. Er hatte inzwischen mitbekommen, dass ich Deutscher bin – vielleicht waren es die Bücher oder Melvilles Video-Kassette mit dem fremden Titel, die ich anfangs eingelegt hatte, ihm das Problem zu demonstrieren. Jedenfalls erzählte er, als er sich auf dem Boden ausstreckte – auch ich legte mich flacher, ihm zuzusehen und zuzuhören –, dass auch er mal »*in Europe*« gewesen sei. Ich dachte: Jetzt kommt Paris oder Venedig, Rom oder vielleicht Warschau, wo seine Leute wohl herstammten.

»*Visiting family?*« fragte ich.

Nach kurzer Stille sah ich erste dünne Rauchfäden unterm Löten aus dem Kasten hervorsteigen, hörte Eds Antwort:

»*Germany.*«

»Haben Sie Ferien dort verbracht?«

»*Not exactly.*«

Gegen Ende des 2. Weltkriegs sei's gewesen. Da habe er mit seinem Kumpel vor »*Siegburg or … Siegdorf*« gelegen. Er erinnere sich nicht mehr genau an den Namen.

»Sieg-*something* jedenfalls.«

Es sei nicht weit von der belgischen Grenze gewesen. Sie lagen die ganze Nacht dort, vor Sieg-*something*, er und sein Kumpel, ein Italiener.

»Und das sind ja überhaupt die besten, die Italiener«, sagte Ed. »*They've been the best to me, all my life.*«

Ja, jedenfalls, irgendwo hatte man ein Maschinengewehr auf ihre Stellung gerichtet. Sein Kumpel, sein *buddy*, habe immer wieder mal hochgeschaut.

»Nach dem Schützen. Er war wütend, wollte wissen, wo der verdammte Kerl hockt.«

Spätestens hier, eben beim Liegen – ich lag ja neben ihm, etwa wie der damalige Kumpel –, überschlich mich dieses seltsame Gefühl, dass ich wissen müsste …, ja wusste …, wusste, wo der »saß«, der da schoss. Es wusste, weil … – ja, auch das wusste ich in diesem Moment –, weil *ich* es hätte sein können, der dort drüben versteckt lag, jedenfalls einer wie ich, warum nicht. Weil ich die Sprache des Schützen verstand – er mich sofort verstanden hätte, wenn ich an seiner Seite erschienen wäre. Und in gewisser Weise tat ich das ja, während Ed seine Geschichte erzählte, ich sah den Schützen vor mir, den Ed nicht sah, nicht sehen konnte in jener Nacht. Denn ich lag auch dort drüben, als Deutscher, der deutsch flüsterte und deutsch dachte hinterm MG. »Liegen«, dachte ich deutsch, »das ist *keimai*«, wie wir im guten deutschen Altgriechisch-Unterricht gelernt hatten: *keimai*: »ich liege da, liege krank, liege tot, begraben oder unbegraben, müßig liegend oder sitzend«, *keimai*, das unserem Wort »Heimat« zu Grunde liegt. Wo man ruht, wo man liegt und sich niederlässt, ist Heimat, könnte es werden. Jetzt lag ich doch auch neben Ed, dem *Polish-American*, lag da als *German-American* wie sein Kumpel, der *Italian-American,* vor Sieg-*something* nahe der belgischen Grenze.

Das Gefühl hatte etwas von jenen Momenten in amerikanischen Kriegsfilmen, wenn man als Deutscher bemerkt, dass die deutschen Rollen nur vorgeben, deutsch zu sprechen, das Casting-Büro sie mit Amis besetzt hatte, die ein paar deutsche Brocken zum Besten gaben, gut genug für fast jeden im amerikanischen Publikum. Gerade in solchen Momenten – seltsam – war ich immer mit den Deutschen identifiziert, weil ich das Wissen besaß: So spricht kein Deutscher. So ähnlich fühlte sich auch mein Wissen an, was jenen deutschen Schützen betraf, nach dem Eds Kumpel immer wieder mal den Kopf reckte, und insofern lag ich, während Ed reparierend von jener Nacht erzählte, hier *und* dort, auf beiden Seiten der Nacht, ging hin und her zwischen den Lagern.

Ed sagte, er habe damals – tags zuvor – auf dem Schiff erfahren, was eine »*million dollar wound*« sei.

»*A million dollar – – ?*«

»Ne Verletzung am Hintern! Da kriegst du Rente und wirst sofort heimgeschickt.«

Und so sei's dann auch in der Nacht vor Siegburg geschehen.

»Das MG traf den Baum über uns, streute nach unten und – verletzt mich doch tatsächlich am Hintern.«

Der Kumpel, klar, der habe sich über ihn gebeugt, weil er schrie … Und da erst habe er es im Mondlicht gesehen.

»Da war ein Loch in seinem Gesicht. Die hatten meinem Kumpel die Nase abgeschossen.«

Ed habe ihm das Gesicht verbunden, so gut es ging. Ein Rückzug in jener Nacht sei unmöglich gewesen.

»*No way back.*«

Bis zum Morgengrauen hätten sie da gelegen, eben bis man Pontonbrücken baute und die Verletzten abtransportieren konnte. Seinen Kumpel flog man nach England. Ed glaubte, nach London. Er hat ihn nie wieder gesehen.

Ed schraubte die Rückwand wieder an den Monitor, wir schlossen ihn an, und nach einigen Sekunden Stille war die Stimme zu hören, die Melvilles Film durch Vercors *Das Schweigen des Meeres* begleitet. Kurz bevor ich das Abspielgerät ausschaltete, hörte ich einen deutschen Offizier – die Szene spielt während der Besatzung in Paris –, der den Erzähler tadelnd belehrt:

»Sie sind von Ihrer Liebe zu Frankreich zu sehr beeinflusst! Das ist die Gefahr. Aber wir werden Europa von dieser Pest heilen, wir werden dieses Gift austilgen!«

Ich sah Ed an.

»*It's working.*« Er verstand nur, dass der Ton wieder in Ordnung war. Und doch schien er nicht zufrieden.

Er stand mühsam vom Boden auf. Strich sich über das Knie, massierte es kurz.

Als wollte er die dunklen Bilder vertreiben, die sich ihm da genähert hatten und die unser Schweigen nutzten, noch näher zu kommen, sagte er plötzlich:

»Weißt du was? Wenn ich sterbe, brauchen sie acht Leichenbestatter, um mir das Lächeln aus dem Gesicht zu wischen. Denn ich habe gelebt! Und wie!« rief Ed triumphierend. »Habe das Geld immer mit beiden Händen ausgegeben.«

Einmal habe er eine fünfundfünfzig Fuß lange Jacht besessen, die *Carmen*, sei damit überall rumgekreuzt, von Sausalito bis runter nach Acapulco, habe das Leben genossen.

»Viermal bin ich verheiratet gewesen«, rief er und klappte, eine nach der anderen, die Laden seines roten Kastens zusammen.

Ich wollte, dass er meine Bewunderung spürt. Kein Mitgefühl, sondern Bewunderung. Das hätte zur Stimmung gepasst, in die er sich hineinzureden suchte. Aber mir fielen die richtigen Worte nicht ein, die dem amerikanischen Veteranen vielleicht etwas bedeutet hätten. So sagte ich schließlich nur:

»Was bin ich schuldig?«

ZWEITER TAG

Als ich gegen Mittag erwachte, notierte ich mir einiges zu unserem Gespräch, das auf *Long Voyage Home* folgte und das ich hier nachzeichne.

»Zwei Dinge«, sagte Ava, »hab ich wiedererkannt. Den grünen *shag carpet* in deinem Appartement …«

Vera lachte auf.

»…auf dem du mit dem Fernseh-Elektriker liegst. Und den Peckinpah-Engel aus *The Wild Bunch*, diesen Angel, für den sich die Vier am Schluss des Westerns dann opfern. Das war Jaime Sánchez, ein guter Schauspieler, lieber Kerl. An seinem Fünfzigsten haben ihn einige von uns groß gefeiert. Das müsste um die Zeit gewesen sein, als ich dich in der Schauspielklasse bei Danny kennenlernte.«

»Ich war doch bei dem Geburtstag dabei«, sagte ich.

»Beim Jaimes Fünfzigstem?«

»War ich dabei. Du erinnerst dich nicht?«

»Den Anfang erinnert jeder anders«, sagte Vera. »Sonst gäb es ihn nicht.«

»Du hast mich mitgenommen damals, ich war dein *date*. Sánchez hatte eine Privatvorführung von *The Wild Bunch* im Beverly Kino organisiert, danach sind wir alle essen gegangen. Ich sehe den langen Tisch noch vor mir, an dem wir alle saßen. Aber weder Borgnine noch Ben Johnson waren dabei. Auch Oates nicht. Jedenfalls nicht bei dieser Feier. Holden war ja bereits tot. Hattest du eigentlich was mit ihm?«

»Mit Holden?«

»Mit William Holden?«, fragte jetzt auch Vera neugierig, als hätte ihr Ava *die* Geschichte nicht vorenthalten dürfen.

»Mit Sánchez«, sagte ich.

»Du … Ich erinnere mich nicht mehr.«

»Oh, *come on*!«

Aber Ava blieb ernst. »Die Drogen damals ... Da ist Vieles weg.«

»Jetzt machst du ein Geheimnis daraus.«

»Kein Geheimnis. Die Wahrheit.«

»Apropos«, meinte Wyatt. »Deine Sache mit dem Geheimnis ging mir noch nach. Ich meine das Geheimnis, das da am Anfang deiner Erzählung umkreist wird. Die Kindheitserinnerung. Das mit dem Lesen und Schreiben und Sprechen, und wie sie sich übersetzen, wie sie übergehen ineinander. Die Fliege, die auf den Buchstaben landet, als du deiner Mutter beim Schreiben zusiehst.«

»Daran erinnere ich mich nicht«, sagte Ava. »*Just kidding!* – Der Junge will lesen und schreiben, was soll daran so geheimnisvoll sein?«

»Mir fiel da ein Gedicht von Hölderlin ein,« sagte Wyatt. »Da gibt's eine Stelle, wo es heißt ... in etwa heißt, Gott trage das Geheimnis wie ein Kleid. Nein, wie ein ›Gewand‹, sagt Hölderlin. Nämlich, um uns vor ihm zu schützen.«

»Verstehe ich nicht. Er selbst wäre doch das größte Geheimnis. Was bräuchte er Schutz?«

»Nein, *wir* brauchen Schutz, ist gemeint. Sein Geheimnis schützt uns, dieses ›Gewand‹. Aber ich glaube ..., du hast da was. Denn es stimmt auch umgekehrt: Das Größte verletzt sich am Kleinsten.«

»Wie meinst du?«

»Im Moment des Kontakts. Der Berührung des Kleinsten.«

»Verstehe ich nicht.«

»Da macht sich das Größte klein, so klein, das Kleinste noch zu berühren.«

»Du sprichst von der Inkarnation, dem Bild von der Fleischwerdung Gottes.«

»Genau. Beide werden also verletzt.«

»Es verletzt immer beide«, sagte Ava, wenn es … – «

»Moment mal …« Wyatt stand auf, holte das Buch und blätterte nach dem Hölderlin-Vers.

»Er schreibt da irgendwo, dass Gott den Menschen zuliebe das Gesicht verberge, damit der Mensch nicht sterben muss. – Hier.« Wyatt hatte die Stelle gefunden, las vor:

Alltag aber wunderbar zu lieb den Menschen
Gott an hat ein Gewand.
Und Erkenntnissen verberget sich sein Angesicht
Und deket die Lüfte mit Kunst.

»Wo steht denn da was vom Sterbenmüssen?« fragte Vera.

»Na ja, er spielt hier an auf die Bibel. Ich habe jetzt nicht die Stelle im Kopf, aber … –«

»Ah, er erinnert sich nicht mehr«, meinte Ava zu uns.

»… da heißt es, mehrfach: Wer Gott sieht, muss sterben.«

»Kein Mensch wird leben, der mich sieht, sagt er wörtlich.«

Wyatt nickte mir zu. »Daher das Gewand, das ihn verbirgt. Vor unseren Erkenntnissen.«

»Wenn wir also erkennen, erkennen wir nur sein Gewand?«

»Genau.«

»*Und deket die Lüfte mit Kunst. Die Lüfte*, das wären … etwa das Nicht-Fassbare, das Geistige. Auch was uns atmen, leben lässt, die Lebensquelle. Die wird *mit Kunst* vor unserem Zugriff geschützt. Gott schützt damit das Kleine vor Größtem, unter dem es, unmittelbar ausgesetzt, zerstiebe.«

»Jetzt lasst mich auch mal spekulieren«, sagte Vera. »Vielleicht deutet Hölderlin ja in diesem ›mit Kunst‹ auf den Ursprung von Kunst überhaupt. Sie käme im ersten aus Liebe …, sie wäre ›zu lieb‹. Sie wäre das Wunder der Verschonung. Der Stoff der Kunst aber – sein Gewand, das ihn verbirgt – wäre genau das, was – könnte Kunst es erreichen, es durchdringen – unseren Tod bedeuten würde. *Kein Mensch wird leben, der mich sieht.* Auslöschung des Bewusstseins.«

»Da stimme ich dir zu«, sagte ich. »Die Kunst hilft dem Bewusstsein so lange, bis sie es auslöscht. Mit einem Schlag. Sie spielt mit dem Größeren, ist sich nicht bewusst, dass sie unterm Zermalmenden steht. Von seinem Gewicht, seiner Wirkung, will sie nichts wissen, nichts fühlen, nichts ahnen. Die Seiltänzer-Attitüde. Bis es zu spät ist.«

»Oder man könnte …,« begann Wyatt.

»…nachgießen«, murmelte Ava und griff nach dem Glas Rotwein, das Vera ihr gerade gereicht hatte.

»…könnte das ›mit Kunst‹ im Vers so verstehen: Dass unsere Kunst – unsere Künste, auch die Wissenschaften also – das eigentlich Deckende sei, dem er uns nachgehen lässt. Gott lässt uns im Glauben, wir hätten damit etwas. Das haben wir ja auch: denn sie käme von ihm, die Kunst.«

»Von ihm auch die ersten Gewänder der Menschen«, sagte ich. »Der Mensch, Gottes Bild, erhält das Abbild auch seines Gewands, also ein Abbild seines Geheimnisses.«

»Aber alle Kunst wäre dann ein Ablenkungsmanöver«, sagte Wyatt. »Sie wäre unsere Projektion auf seine Leinwand, seinen Kosmos, sein Gewand. Es wäre die Puppe, die man Kindern zum Spielen gibt.«

»Das ist nicht ungefährlich, was du da sagst.«

»Was meinst du?«

»Da hast du den Seiltänzer. Er spielt. Überm Abgrund.«

»Was ist denn das für ein Seiltänzer, von dem ihr da immer redet?« fragte Ava.

»Eine Figur in Nietzsches *Zarathustra*«, sagte Wyatt. »»Der Mensch ist ein Seil, geknüpft zwischen Tier und Übermensch – ein Seil über einem Abgrunde‹.«

»Der Seiltänzer entspräche psychologisch einer seelischen Überheblichkeit, einer gefährlichen psychischen Inflation«, sagte ich.

»Auch der ausschließliche Hang zum Ästhetischen würde hierher gehören, glaube ich. Letztlich dieselbe Seiltänzerei.«

»Wenn du träumst – wie es mir vor Wochen geschah –, dass du in der Luft auf einem Seil balancierst, heißt das immer zunächst mal: Runter. Komm runter! Du gehörst da nicht hin. Du stehst nicht mehr mit beiden Füßen auf dem Boden der Realität. Es hieße, dass Du in irgendeiner Hinsicht im realen Alltag dabei bist, inflationiert zu handeln. Nicht realistisch. Dich unbewusst in Gefahr befindest, abzustürzen drohst.«

»Vielleicht spielt der Seiltänzer aber genau das, was er als Wahrheit erkennt. *Weil* er die Wahrheit sieht. Den Abgrund, die hohe Gefahr.«

»Wahrheit ist nicht entscheidend. Die Einstellung zu ihr wäre es.«

Da wiederholte Ava: »*Kein Mensch wird leben, der mich sieht …* Entschuldige, aber das ist doch grauenhaft. Meine Einstellung wäre: Das ist grauenhaft. So ein Gott gefällt mir nicht.«

»Das ist keine Einstellung. Die Frage ist nicht, ob er dir gefällt oder nicht. Sondern wie du dich zu einer Tatsache einstellst, an der du nichts ändern kannst. Eine Einstellung wäre: So ist es, Gott ist *auch* grauenhaft, so *ist* es. Er ist barmherzig *und* grauenhaft. Beides. Wenn du dir sagst: Nun höre ich auf, darüber zu jammern, und stelle mich darauf ein, ich kann es zwar nicht verstehen, aber ich kann mich bewusst darauf einstellen, vielleicht habe ich dann eine Chance …, kommst du weiter. Aber ›gefällt mir nicht, mag ich nicht‹: ist nur kindisches Beleidigtsein, *Daddy didn't give me what I wanted.* – Im Übrigen, wenn du das mal weiterdenkst …«

»Was jetzt …?«

»Dass jeder, der Gott sieht, sterben muss. Wenn du das weiterdenkst, müsstest du dir sagen: Nun stirbt der Mensch aber. Er muss nicht nur einmal, am Ende, sterben. Sondern täglich, jede Minute, Sekunde … sterben wir. Also verbirgt Gott sein Angesicht *nicht*. Wir sterben gleichsam, *weil* wir ihn sehen. Täglich, in jeder Minute, jeder Sekunde. Er verbirgt sich nie, würde das heißen. Dass er sich ›verbirgt‹, wie wir uns in der Paradies-Mythe vor ihm im Garten verbargen, wäre unsere menschliche Projektion auf Gott. Es wäre, als würde die Fliege sagen: Der Mensch spricht und handelt mir in Rätseln. Aber wir verbergen uns nicht vor ihr, dieser Fliege. Die Frage, die sich die Fliege stellen müsste, wenn sie es könnte, wäre: ›Was bedeutet, was ich so offensichtlich sehe? Was bedeutet es in seiner ganzen Tiefe?‹ Das kann die Fliege nicht, sie erkennt den Buchstaben nicht, das Zeichen, auf dem sie sich putzt, die Bedeutung der Rundung des flüssigen Tintenstrichs, von dem sie stibitzt. Sie sieht ihn, erkennt aber kein Zeichen. Allerdings versteht sie etwas von Gottesfurcht. Sie fliegt auf, sobald die menschliche Hand sich ihr nähert. Geht auf sicheren Abstand. Bei uns ist das erste nicht anders: Wir verstehen nicht, was wir leben, was wir offensichtlich sehen, was uns vor Augen ist. Glauben es nur zu verstehen. Andererseits sind wir nicht mehr eins mit unserem Instinkt. Wir fühlen also nicht mehr, wenn Gott näher rückt, nah ist, wir misstrauen unserem Instinkt oder haben die Verbindung zu ihm gänzlich ins Rationale gehoben. Warum? Vielleicht um uns nicht mehr verbindlich mit ihm auseinandersetzen zu müssen. Bei aller Eile, Geschwindigkeit ist es unsere ichmächtige Langsamkeit, die der ›nahenden Hand‹ nicht ausweicht. Sie ›nur‹ für ein Bild hält. Tödlich.«

»Und also? Was sollte man tun?«

»Wenn wir wüssten, was es wirklich ist, das Zeichen, der Buchstabe, den unser Finger liest, über den er hinstreicht, auf dem er liegt, auf den er deutet … – unsere Hand würde auffahren, als hätte sie glühende Kohle berührt.«

Am Nachmittag erfuhr Ava, dass die Lage »oben bei ihr« immer noch gefährlich war. Sie antwortete John, dass die Nachrichten im Netz aber von ›*fires 50 percent contained*‹ sprachen.

»Ja, das heisst«, sagte John – wir hörten über Lautsprecher mit –, »dass sie zu 50 Prozent eben noch *nicht* eingedämmt sind. Und dann die Winde. Die verändern die Lage stündlich.«

Ich fuhr mit Wyatt los, in einem Supermarkt zusätzlich Proviant für die nächsten Tage zu besorgen.

Gegen Abend hatten wir uns wieder auf der Terrasse zusammengefunden, um Vera die nächste Geschichte lesen zu hören. Da kam der zweite Anruf.

Diannes Gedenkfeier wurde abgesagt.

Der Anrufer bedauerte sehr, aber diese Woche käme sicherlich nichts mehr zustande. In Brentwood seien Feuer ausgebrochen, auch nahe dem Freeway, dem 405. Von Encino aus könne er Flammen und Rauch sehen. Momentan gebe es keine Ausweichmöglichkeiten. Man wolle nun abwarten, bis die *wildfire season* vorüber sei, die Feuer sich gänzlich gelegt hätten. Ob ich nicht noch ein paar Wochen verlängern könnte, meinte er und wartete auf meine Antwort …

»Leider unmöglich.«

Dann solle ich ihm doch meine *speech* per Mail zusenden. Er werde dafür sorgen, dass sie bei dem *memorial* verlesen wird.

»Verlesen …?«

»Ja, von mir oder Isabella. Oder Claudia vielleicht. Einer von uns wird sie lesen.« Er verabschiedete sich, sprach nochmals sein Bedauern aus über das, was ja niemand vorhersehen konnte.

»Ist sie lang?«, fragte Ava, als ich ihnen berichtet hatte.

Ich dachte an ganz anderes. Dachte: Ist es das, ihr Zeichen? Diannes Zeichen für mich? Aber das wäre absurd: *Da ist nichts*, als Zeichen verstanden, wäre immer noch Zeichen, dass etwas da ist, das mir Zeichen gibt. Allerdings könnte es bedeuten: *Höre auf*. Aber warum würde sie warten, bis ich ins Leere laufe, nur um mir das zu sagen: *Kehre um*? Ich konstruiere, dachte ich. Hier *ist* kein Zeichen. Jedenfalls ist es keines von ihr. Nicht das verabredete. Das untrügliche.

»Ist sie lang?« wiederholte Ava.

»Was denn?«

»Deine Rede auf Dianne.«

»Wir wurden gebeten, uns kurz zu halten. Fünf oder sechs Leute sollten ja reden …«

»Dann lies sie uns doch jetzt vor. Gib uns ein Bild von Dianne.«

»Es ist doch kein … Bild. Ich hätte ja zu Leuten gesprochen, die sie lange Zeit kannten. Die meisten jedenfalls …«

»Komm, wo hast du sie? Lies schon vor«, sagte Vera und setzte sich wieder zu uns.

Ich nahm die Seiten aus einem Briefkuvert, das ich in der Jackentasche aufbewahrt hatte, faltete sie auseinander und begann zu lesen:

DIANNE ZUM GEDÄCHTNIS

Ich erinnere mich an ein Gespräch mit meinem deutschen Verleger, ein paar Jahre, bevor ich Dianne kennenlernte. Der ältere Herr erzählte mir die Geschichte seiner Begegnung mit Hermann Hesse. Er schloss mit den Worten: »Seit jener Bekanntschaft – ich war ja damals noch sehr jung – fühlt sich nichts mehr an wie ›Zufall‹ in meinem Leben.« Es war Hesse, der den jungen Mann an eben den Verlag empfahl, den er einmal leiten würde.

Dianne war mein Hesse. Und die Begegnung mit ihr war mein neuer Anfang und Aufbruch. Von der ersten Analysestunde an lichtete sich das dunkle Leinen, ein wirres Gewebe aus Zufällen, Wegen und Irrwegen meines Lebens, und die Dinge ordneten sich. Ich begann Sinnfäden zu erkennen, die auch durch die scheinbaren *dead ends* meines bisherigen Lebens verliefen, sie mir gar als besonders wichtig markierten. Der ganze Kosmos an Erfahrungen während der Analyse läßt sich in einem kurzen, kaltsachlichen Satz zusammenfassen:

Dianne half mir, die Wirklichkeit der Psyche zu erkennen. *Thank you, beautiful Dianne!*

Von meinen Vorrednern ist sie zurecht gepriesen worden – ich will sie ein wenig »mythologisieren«. Ich glaube, das ist hier erlaubt. Immerhin berührt der Grund unserer Zusammenkunft heute auch ein Mythisch-Transzendentes.

In Diannes Namen vereinen sich zwei Gegensätze, zwei numinose Persönlichkeiten, auf vollkommene Weise: die jener Göttin, Diana, und die der legendären St. Anne. Die Lebensgeschichte der heiligen Anna ist wiederum nach dem Vorbild der Hannah, Mutter des Propheten Samuel, gestaltet. Es war Hannahs eigene, individuelle religiöse Einstellung, die ihre Unfruchtbarkeit nach zwanzig Jahren beenden half und sie veranlasste, ihren Sohn in den Tempel zu geben, wo er *Gott diente*. Was, wie Sie wissen, die Übersetzung unseres Wortes »Therapeut« ist.

Die heilige Anna und Diana sind, neben anderen Aspekten, die sie personifizieren, Schutzgöttinnen der Frauen, die gebären – psychologisch hieße das, in ganz allgemeinem Sinn: derer, die mit Individuation befasst sind. Diana beschützt den *natürlichen* Aspekt der Geburt, das chthonische, ganz irdisch-menschliche Element, und die Heilige Anna, die Mutter der Maria, beschützt den geistigen Aspekt der Geburt, seine numinose Dimension.

Diannes Name kündet somit das Symbol einer psychologischen Geburtshelferin an, die dazu berufen ist, zwischen den Bereichen von Himmel und Erde, »*Deus* et *homo*«, zu vermitteln. Und, wie Sie wissen, tat sie genau das, Dianne. Sie erfüllte ihren Auftrag, ein im Namen enthaltenes Omen, und war daher imstande, ihre Analysanden »mit Wasser *und* Geist« zu taufen.

Ich weiß noch, als ich vor zwei Monaten erfuhr, dass Dianne uns verlassen würde – es hieß »*she's on her way out*« –, kam das in einer Zeit, als ich meiner 93jährigen Mutter das Markusevangelium vorlas. Jeden Tag ein paar Abschnitte, am Telefon. Wobei ich manche Stelle auch kommentierte – nicht nur um Luthers

Übersetzung aufzuhellen, sondern, so gut ich konnte, auch die Bedeutung der Verse zu erschließen. Was bedeuten sie uns, ihr und mir, was bedeuten diese Verse persönlich und psychologisch? Wo begegnen wir diesem Detail, jenem Bild in unserem Alltag, wo in unseren Träumen? Meine Mutter, verstehen Sie, befindet sich in einer Lage, die Diannes letzten Wochen vergleichbar ist: Demenz hat eingesetzt, es kommt kaum noch Antwort. Und doch reagiert sie auf diese Telefon-Lesungen, sie freut sich darauf, antwortet manchmal sogar ungeahnt weise, wenn man ihr eine Frage zu einem Abschnitt stellt. Ein Funke erscheint, die *scintilla* – denn völlige Dunkelheit gibt es nicht.

An jenem Tag, als mich Diannes Familie wissen ließ, »es geht zu Ende«, las ich meiner Mutter gerade die Passage im Markusevangelium vor, die Jesu Kreuzigung und Tod schildert:

»Da lief einer und füllte einen Schwamm mit Essig und steckte ihn auf ein Rohr und tränkte ihn und sprach: Halt, lasst sehen, ob Elia komme und ihn herabnehme!«

Ich war mir halb bewusst, dass ich diese ganzen Todesbilder lesend schnell hinter mich bringen, sicher nicht bei ihnen verweilen wollte, nicht vor meiner Zuhörerin, die doch selbst dem Tod nahe sein könnte. Aber dann besann ich mich. »Extrahe cogitationem« – kommentiert Jung in seiner Deutung der »Allegoria Alchymica« bezüglich des »Brunnens der Diana« –, und so »dehnte ich also meine Vorstellungskraft aus«: Ich eilte nun nicht mehr durch die Kreuzigungsbilder, sondern verweilte bei ihrer Symbolik und den darin enthaltenen Gegensätzen. Mir fiel ein, was eine Freundin mir einmal über das Gebären erzählt hatte.

Diese Freundin beschrieb die Erfahrung, dass etwas, gegen Ende des Geburtsprozesses, ihre Wehen zu überschatten begann, die bis dahin vom Willen begleitet waren. Etwas »übernahm« plötzlich, übernahm ihren ganzen Körper: Sie sei machtlos gewesen, nicht mehr wirklich anwesend. Dieses Etwas habe die letzte Phase der Geburt bewältigt, eine Macht habe sie vollendet – ihr eigenes Bewusstsein sei nicht beteiligt gewesen. »Und genau so«, sprach ich zu meiner Mutter am Telefon, »genau so wird unser Wille ganz am Ende, unmittelbar vor dem Tod, ausgelöscht, weil etwas übernehmen wird. Etwas, das die Macht hat, die neue Geburt zu Wege zu bringen, ja sie zu vollenden.«

Ich dachte also an jenem Morgen, als ich von Diannes nahem Ende erfuhr, an die Passage im Evangelium, die ich meiner Mutter vorgelesen hatte. Dabei kam auch die Erinnerung an einen Traum wieder, der mir in der Nacht vor dem Eintreffen der Nachricht geträumt hatte.

In diesem Traum saß ich neben Dianne in einem Theater. Einem Filmtheater vielleicht. Das Ende war da, die Show vorüber. Und Dianne erhob sich von ihrem Sitz. Sie wollte gehen. Ich fragte, ob ich sie nach Hause begleiten dürfte. Wir gingen an der »Staatlichen Kunsthalle« meiner Heimatstadt in Deutschland vorbei, und als wir um die Ecke des Sandsteinbaus bogen, blickte ich auf – und erkannte, dass Diannes Haus ja geradeaus vor uns liegen müsste: also dort, wo das Schloss steht. Gemeint war das Karlsruher Schloss, das dem Schloss des »Sonnenkönigs« in Versailles nachempfunden sein soll.

Das war der Traum vor zwei Monaten.

Zum »Theater, das wir verließen« assoziierte ich das einzige Mal, als ich mit Dianne im Kino war. 2004 gingen wir zu einer Pressevorführung von Mel Gibsons *The Passion*. Sahen uns den Film im *Zanuck Theatre* an, einem großen Kinosaal auf dem *20th Century*-Studiogelände. Und gingen dann auch wieder, nur zu gern, besorgt darüber, was die antisemitischen Bilder des Films – vor allem bei der jüngeren Generation – auslösen könnten. Dabei fand ich den Anfang des Films, die Szene im Gethsemane-Garten bis zur Verhaftung Jesu, noch großartig inszeniert, hatte den Atem angehalten. Dann allerdings …

»Was für ein schrecklicher Film!« sagte Dianne. »Ich fürchte, er bringt unnötiges Leid und Qual über unschuldige Menschen«, schrieb sie mir am nächsten Tag. Die Obsession Gibsons mit den brutalen Details der Geißelung und Kreuzigung, dem vielen Blut, hatte Dianne noch auf der Heimfahrt kritisiert: »Das ist der Archetyp, der auf ihn einschlägt, ihn prügelt. Das ist es, was sich hier abspielt. Der hat ihn im Griff. Gibson ist daher inflationiert und wird selbst gekreuzigt werden, in gewissem Sinne. Er ist sozusagen blind und weiß nicht, wovon er redet oder was er hier tut.« Dianne vermutete, dass der Film und sein Konzept vom konstellierten Archetyp der Apokalypse beeinflusst waren. Auch schien ihr, dass er die Gegensätze noch weiter auseinander treiben, die Extreme verstärken könnte. Dabei verglich sie das Niveau der religiösen Erfahrung Gibsons mit einem Erlebnis aus ihrer Zeit als Schülerin eines katholischen Internats. »Während des Gebets begann einmal ein kleiner Junge zu weinen. Die Nonnen waren ganz aufgebracht darüber, verstanden nicht, warum er weinte. Schließlich sagte er: ›Es ist alles so traurig, so traurig!‹ Der kleine Junge meinte den Tod Jesu am Kreuz.«

Die wörtlichen Zitate Diannes habe ich meinem Tagebuch entnommen, dem Eintrag nach jenem Kinobesuch. Nicht notiert hatte ich einen Vorfall, der sich ereignete, als wir an jenem Abend das Foyer des Zanuck Theatre verlassen wollten. Er fiel mir erst beim Lesen der Aufzeichnungen wieder ein.

Wir hatten es, wie gesagt, eilig, aus dem Kinosaal zu kommen, da wurde ich im überfüllten Foyer von einer Bekannten aufgehalten, einer älteren italienischen Dame, die ich sehr mochte. Wir unterhielten uns kurz, und ich stellte ihr Dianne vor. Dann machten wir uns davon, zum Auto zurück. Ich weiß nicht mal mehr, ob ich Dianne gegenüber erwähnte, wer die alte Dame war. Aber jetzt – an jenem Morgen nach Claudias Mail vom nahen Ende – schien es, als wäre hier das verlorene Teil eines Puzzles aufgetaucht – eines, von dessen Fehlen ich nichts geahnt hatte. Und doch, hier war es wieder:

Die ältere italienische Dame, der Dianne nach der Vorführung kurz die Hand geschüttelt hatte, spielte einst eine kleine Rolle in Frank Capras *It's a Wonderful Life*. Sie spielte Mrs. Martini. *It's a Wonderful Life* ist ein sentimentaler Film, ja, manche finden ihn sogar unerträglich kitschig. Ich nicht. Denn die entscheidende Frage, die der Film stellt – und »wir *leben* die Frage, bevor wir sie als Wahrheit begreifen«, würde Emerson einstimmen –, die Frage also, die der Film stellt, ist die nach dem Wert des Individuums, nach einem Ich, das seinen eigenen Wert endlich anerkennen muss. Die Erlösung einer ganzen Welt hängt an dieser Frage.

Lassen Sie mich also in diesem Sinn, ganz unsentimental, meine George-Bailey-Fragen stellen:

Was wäre unser Leben gewesen – ohne Dianne?

Was wäre Edingers Leben gewesen – ohne sie?

Wäre er nach Los Angeles gekommen, um hier zu leben – ohne sie?

Wäre er in der Lage gewesen, all die Bücher zu schreiben, Bücher, die unser Leben wiederum enorm beeinflusst haben – ohne sie?

Hätte er – wie sie es tat, geduldig und weise, gewissenhaft beharrlich – den kostbaren Schatz an Manuskripten und Tonbändern seiner Vorlesungen gesammelt – ohne sie?

Tatsächlich war er, wie wir wissen, eher nachlässig gewesen, was diesen Aspekt seiner Arbeit betraf. Nachlässig oder – bescheiden. In gewisser Weise konnte er es sich leisten. Denn er war eben nicht – ohne sie. Dianne war da. Sie war seine »Erde«, wie er es einmal in einem alchemistischen Bild zum Ausdruck brachte.

Daher haben wir – psychologisch verstanden, als liebende Sucher der Seele – Dianne für dieses größte Geschenk zu danken.

Ich erinnere mich an Edward Edingers *memorial* – und wie er sich am Ende der Gedenkfeier plötzlich nochmals hören ließ: mit einer *pre-recorded message,* ein paar Sätzen in seiner Stimme. Er erinnerte seine Trauergäste an ein Lied, das, sagte er, Helen O'Connell, eine Anima-Figur seiner Jugend, einst sang. Schon im nächsten Moment war es, von ihr gesungen, über den Lautsprecher zu hören: *»Please, don't talk about me when I'm gone.«*

Auch Diannes Stimme möchte ich zum Abschluss nochmals hören lassen. Hier ist ein kurzer Auszug aus einem Interview, das ich einige Jahre nach Eds Tod mit ihr führte. Ich wollte von ihr wissen, wie Edinger arbeitete. Denn Dianne hatte von einer Arbeitsdisziplin gesprochen, an der Ed festhielt, um konzentriert zu bleiben. Dianne antwortete:

Ja, genau. Vielleicht sollte ich aber zuerst sagen, wie überraschend das für mich war. Ich begegnete Ed 1978 und dachte zunächst, er hätte so was von »gewandtem Lebemann«. Und nahm also an, er wäre viel stärker in der Welt verankert. Ich war ziemlich fasziniert von ihm, er ebenso von mir. Und – um ein langes Jahr abzukürzen – wir begannen, miteinander zu leben. Wir beide ließen langjährige Bindungen, 25-Jahre-Ehen, hinter uns. Die Leute fragen mich oft: »Und wie war das dann? Gab's Überraschungen?« Und ich muss schon sagen: »Es war nicht so, wie ich es erwartet hatte. War ich überrascht? Ja. War ich abgeschreckt? Nein. War es anders als ich dachte? Ja.« Vielleicht kann ich dir ein Beispiel nennen ... da lebten wir schon ein paar Monate zusammen. Es ist Freitagabend – vor dem Abendessen gönnen wir uns gern einen Martini. Ed macht uns also Martinis. Ich bin erschöpft von der langen Woche, den vielen Analysestunden mit den Patienten, genau wie er. Er steht draußen mit dem Martini-Shaker, bringt die zwei Gläser und wir setzen uns raus auf die kleine Veranda. Da verkündet er mir: »Heute ist Nietzsches Geburtstag!« (Dianne lacht) »Nicht für mich«, sage ich. Es war wie gesagt Freitagabend, achtzehn, neunzehn Uhr, und ich platze raus: »Ich will nichts von Nietzsche hören, Freitagabend um neunzehn Uhr! Ich will meine Frank-Sinatra-Platten auflegen!«

Und so hatten wir, Ed und ich, die erste Zeitlang ein Tänzchen durchzustehen.

(Noch einmal lacht Dianne).

Wir standen auf. Wyatt und Ava hatten jetzt Lust auf Martinis bekommen. Ich zeigte Vera, wo Diannes Appartement immer noch lag. Ging mit ihr ans Ende der großen Terrasse und deutete hinüber.

»Die hätte ich gerne gekannt«, sagte sie. »Seltsam … Es ist, als würde ich sie vermissen. Wie kann ich jemanden vermissen, den ich nie gekannt habe?«

Ganz in der Ferne, in den Hügeln hinter den Hochhäusern, waren Rauchwolken aufgestiegen. Flammen sahen wir nicht.

Als Vera sich abwandte, meinte sie:

»Gut, dass du uns die Rede vorgelesen hast. So findet es eben bei uns statt, dieses Gedenken.«

»Du bist dran«, rief Ava ihr zu. Und wir setzten uns langsam wieder.

Vera meinte: »Ich lese jetzt also einen Text, den du ›statt eines Vorworts‹ vor das *Gottesquartett* stellst. Habe ich das vorhin richtig verstanden?«

Wyatt war mit den Martinis gekommen und verteilte sie.

»Fang doch einfach an«, sagte er.

»Ja, komm, lies schon vor«, sagte ich und setzte mich wieder zu ihnen.

WIE ZU LESEN SEI

Da begann ich zu zählen, mit klopfendem Herzen. Und das Zählen war Lesen, Stabe an Stabe, klang wie dumpfer, näherrückender Schlag einer Pauke.

Ana-gignosko, das altgriechische Wort, das man allgemein mit »ich lese« übersetzt, spricht wörtlich davon, dass ich laut lesend »wiedererkenne«. Indem ich das Wort laut lese, »erkenne ich es mir auf«, schließe auf, was ich wiedererkenne. »Ich lese« wurde zunächst verstanden als »ich sammle«, das Lesen als Sammeln der Buchstaben. Der sie las, sammelte die Zeichen, indem er ihnen etwas Entscheidendes gab.

Was genau?

Seinen Atem.

Mit dem Klang seines Atems, seiner lautlesenden Stimme, öffnete er ein verborgenes Tor. Die Hürde der Konsonanten schloss sich auf, indem er das Hindernis vokalisierte. Und so Einlass erhielt, Passage.

Einlass wozu?

Einlass zum Sinn. Sinn des lautgelesenen und so wiedererkannten Worts.

Ein geradezu wieder-schöpfendes Lesen galt im Anfang dem Wort.

Uns Schülern wurde gesagt, dass die Buchstaben für Vokale im Griechischen zunächst nur in Anfangssilben notiert waren. Ich stellte mir also vor, wie Auge und Zunge eines antiken Schülers die Zeichenreihen abtasteten, die auf dem Täfelchen oder Papyrus aneinandergereihten konsonantischen Staben. Und wie sein Auge lesend-sammelnd Ernte hielt, indem der Mund Atemklang blies in die trockenen Staben, die unsichtbaren Vokale einfügend mitmurmelte, den Klangkörper weckte, das Skelett der Staben auferstehen machte im Sinn.

Das ausgesprochene Wort erst wurde wiedererkannt. Wiedererkannt, wie jene »Gehilfin« Adams, die ihn einst zur Bewusstwerdung führte. Wiedererkannt, als erführe er jetzt erst, jetzt endlich, was ihm Gott im Schlafe geraubt, er so lange sehnlich gesucht hatte.

Wiedererkennung.

Jedes lesen lernende Kind macht diese große erste Erfahrung, bevor es sie wieder vergisst: Es liest das laut gesprochene Wort aus den Zeichen, bis die Zusammengesammelten plötzlich in ihrer Bedeutung lebendig vor ihm stehen.

Da, im Augenaufschlag, tobt in beiden – im Wort wie im Kind – noch dasselbe Leben.

Dann Trennung, der Fall.

Genau fühlt das Kind noch, wie viel Arbeit es war, die Schöpfung des Worts zu bemeistern, das Zauberkunststück einer Verwandlung von tot in lebendig.

Vor längerer Zeit, ich war zweiundzwanzig, wohnte damals bei einer alten jüdischen Dame in Beverly Hills, sprach Ralph Waldo Emerson zu mir:

»In uns selbst müssen wir den notwendigen Grund jedes Faktums erkennen – wie es sein konnte, sein musste. Was soll unser Forschen an Altertümern, wenn es nicht heischt, sich von der wild-barbarischen, widersinnigen Sicht auf ein Damals und Dort zu verabschieden, um an ihrer Stelle dem Hier und dem Jetzt Raum und Ehre zu geben?«

Zur Lektüre eines jeden Buchs empfahl Emerson mir folgende Einstellung: Lesend-sammelnd solle ich immer davon ausgehen, dass »jedem erzählten Fakt etwas *in mir* entsprechen muss. Denn erst dann wird er glaubwürdig, leuchtet er ein. Wir – beim Lesen schon! – müssen Griechen, müssen Römer, müssen Juden werden, uns im Schriftgelehrten und Priester, im König und Tyrannen, im Märtyrer und im Henker wiedererkennen.«

»Aber wie wäre das zu bewerkstelligen?« fragte ich ihn.

Emerson meinte: »Indem du erkennst: Unter diesen Masken also verbarg sich meine proteische Natur. Bilder wie diese – also wenn wir von Cesare Borgia oder Paulus, von Jesus oder Pilatus, von Joseph oder Potiphars Frau, von Leopold Bloom im *Ulysses* oder Herrn K. im *Process* hören, wie man ihm die Legende vom Türhüter *Vor dem Gesetz* predigt –, Bilder wie diese müssen wir ganz bewusst an der Wirklichkeit eigen-geheimster Erfahrung festmachen. *Du* bist Geschichte – oder wirst rein gar nichts aus ihrer Lektüre lernen.«

Der gelesene *fact*, die historische Tatsache, von der ich lese, so meinte Emerson, müsse auf eine psychische Tatsache-in-mir, dem Leser, bezogen werden, um mir begreiflich, glaubwürdig, wirklich zu werden. Ich soll lesen, indem ich mich frage: Was in mir entspräche dem Schicksal oder der Handlungsweise des X, des Y oder des K – jenes Politikers, Papstes, Befreiers oder Verzagten?

Emerson forderte also, dass alles geschichtlich Gewordene, eigentlich längst Gewesene, in mir, dem Leser, nochmals werde, *bewusst*-werden, bewusst-neu wiederhergestellt werden solle, und zwar indem ich ihm meinen Atem verleihe.

Was wäre das, »mein Atem«?

Psychologisch verstanden: die Assoziation.

Indem ich die Geschichte in ihren Details und Akteuren mit einem kaum eingestandenen, vielleicht nur mir bekannten, oder selbst mir bis in die Lektüresekunde hinein verschlossen-vergrabenen Geheimnis verknüpfe, führe ich Fakt oder Figur, auf die ich bei meiner Lektüre stoße, von außen nach innen, verschränke sie mit dem unvermittelt Eigenen der persönlichen »Assoziation« – die ich nicht künstlich »konstruiere«, sondern die das

Gelesene wahrlich provoziert: aus dem Dunkel des Unbewussten hervorruft.

Ich stoße auf *mich* – und wusste es nicht. Jetzt aber verstehe ich, sehe ich, fühle ich, dass Damals und Dort – jene verschollenen Pfeile der Menschheitsgeschichte – nur immer geduldig warteten, *jetzt und hier* einzutreffen, ihr heilsames Gift an uns wirklich zu machen, uns in Wiedererkennung *zu realisieren*.

Denn da, in dieser Sekunde, werden Mythos und Legende, wird die Tatsache fernster Geschichte: zum unleugbaren psychologischen Faktum.

Da, in dieser Sekunde, verwandelt Lektüre sich selbst in Geschichte.

Wie würde das aussehen, wie könnte das aussehen? Ich wollte es ausprobieren, mit Emersons empfohlener Grundhaltung beim Lesen experimentieren, um zu sehen, wohin sie mich führt, ob sie mich und was sie mich sehen lässt; ob ich *wirklich werden* könnte im Gelesenen.

Ich hatte den Abend zuvor im Buch Samuel gelesen, die Geschichte vom Kampf Davids mit Goliath.

Las sie jetzt nochmals, Emersons Empfehlung im Ohr, las sie laut:

»Und David sprach: Der HERR, der mich von dem Löwen und Bären errettet hat, der wird mich auch erretten von diesem Philister. Und Saul sprach zu David: Geh hin, der HERR sei mit dir! Und Saul legte David seine Rüstung an und setzte ihm einen ehernen Helm auf sein Haupt und legte ihm einen Panzer an. Und David gürtete Sauls Schwert über seine Rüstung und mühte sich vergeblich, damit zu gehen; denn er hatte es noch nie versucht. Da sprach David zu Saul: Ich kann so nicht gehen, denn ich bin's nicht gewohnt, und er legte es ab und nahm seinen Stab in die Hand und wählte fünf glatte Steine aus dem Bach und tat sie in die Hirtentasche, die ihm als Köcher diente, und nahm die Schleuder in die Hand und ging dem Philister entgegen.«

Ich vergegenwärtigte mir die Szenerie: dass die Schlachtreihen Goliaths und seiner Philister »auf einem Berge jenseits und die Israeliten auf einem Berge diesseits« stehen, so dass das Tal – der »Eichgrund« – zwischen den kriegerischen Parteien liegt.

Und sogleich war mir auch wahrscheinlich, dass David seine »glatten Steine« – *ich* fand sie in einem Tal bei Karlsruhe, wo die Alb floss: aus dem Schatten des Bachs hob sie die kindliche Hand – erst dort unten im Eichgrund finden wird, im Bach, der sein Tal durchzieht. Aus dem Schatten des Bachs wird sie die Hand Davids heben, die Glattgewaschenen aus dem Wasser des Bachs.

Und der »Eichgrund« – ein Wort, das sich wie von selbst herrlich verdunkelt –, der Eichgrund sagte mir: es gibt eine Lichtung im Eichgrund, durch den der Bach fließt, eine Lichtung, um allen zu sichern die Sicht auf den Zweikampf, zu dem der Philister Goliath den Israeliten herausfordert. Denn auf die Lichtung hinab sehen beide Heerreihen klar. Da stehen sie, von gegenüberliegenden Bergkämmen den Schlagabtausch zu verfolgen: Wer geht aus dem Zweikampf hervor, wer wird noch stehen, sich stellen in die Mitte der Lichtung?

Also steigt David hinab in den Grund.

Ich mit ihm.

Und – ich sehe's – im Dunkel des Eichgrunds erreicht er den Bach.

Hört ihn, bevor er ihn sieht und vom Ufer aus einsteigt.

Sucht und taucht mit der Hand,

prüft die Kiesel kurz in der Hand,

wirft den einen, den anderen wieder zurück.

Vier findet er so.

Vier hat er gefunden, sie in die Hirtentasche gelegt, die ihm als Köcher dient.

Und sucht immer noch.

Wonach?

Sucht den Fünften.

Weicht er nicht eigentlich aus, diesem Fünften? Sucht er nicht ausweichend nach einem, den er doch viermal schon hat?

Nein, diesen fünften, diesen Einen aus Vier, hat er noch nicht. Der soll es sein, soll der erste sein, den er legt in die Schleuder.

Der.

Der soll treffen.

One shot.

Warum dann die Vier?

Die Vier sind der Eine als Fünfter. Er sucht nicht vier, sucht nicht fünf.

Sucht den Einen.

Aber er hat ihn noch nicht.

Warum fünf?

Die fünf Wunden des Menschensohns, des einstigen Nachfahren Davids? Und hatte nicht auch über Vorfahren, wie die Legende sagt, Goliath uralte Verbindung mit David?

Denn Goliaths Vorfahrin war die moabitische Orpah, die von der jüdischen Naëmi im Buch Ruth nicht nur zurückgesandt, sondern zurückgewiesen war: »Geh wieder zurück, Orpah, nach Moab. Vergiss mich, vergiss uns!« sollen Naëmi und Ruth ihr durchs Schlusswort bedeutet haben.

Und hieß das nicht: »Sei vergessen!«, das Wort, das sie ausschloss?

Da kam nun der Nachfahr der Orpah, der Ausgeschlossen-Vergessenen, herab in den Eichgrund, trat Goliath den steinigen Hang des Eichgrunds herab, stieg das ins Riesenhafte gewachsene Abgewiesene – denn das war er, Goliath – in den Eichgrund hinab und wusste nicht, auch David ahnte es nicht, was sich suchte in ihnen, was da endgültig erinnert sein wollte oder endgültig vergessen und begraben.

Und die schwere Rüstung Goliaths, Schwert, Schild und webebaumbreiter Speer klirren im Eichgrund, und jeder Tritt malmt den Stein. Denn im Schreiten tritt Goliath malmend auf Stein, davon einer sich löst und

sich überschlagend im Fall,

hinabschlagend fällt

in den Bach,

in dessen Schatten David noch liest.

Und die Kinderhand Davids taucht ein und

hebt ihn lesend herauf.

Da ist es der Fünfte, der

Eine.

David erkennt wieder, den er noch nie gesehen.

In der Hand hält er ihn, liest ihn, versteht.

Jetzt hin zur Lichtung!

Bin ich mit meinen Assoziationen zu weit gegangen?

Das kann nur ich entscheiden, nur jeder, der liest, für sich.

Die Regel wäre: Man sucht, bis man fündig wird. Das heißt: etwas Treffendes in Händen hält, die treffende Assoziation. Sie wurde im Schatten des Unbewussten gefunden und stellt die Verbindung her zum Geschehen auf der Lichtung – der Geschichte in ihren nun nicht mehr fremden, sondern heimlich-persönlich verknüpften Gestalten und Taten.

Im Gegensatz zu Emersons Grundhaltung, die das Unbewusste des Lesenden *aktiv* beansprucht, verhält sich die zweite, die ich ergänzend empfehle, *passiv* zum Unbewussten.

Die erste sollte schon während des Lesens greifen; die zweite wartet aufs Nachhinein.

Wartet, um zu sehen – und nicht zu übersehen –, was sich etwa während längerer Lesepausen oder nach Abschluss der Buchlektüre ganz und gar ungerufen einstellt: an Bildern, an Eindrücken und Gefühlen. Es sind diese Ungerufenen, das bis dahin Ungesehene, scheinbar Leere – denn da »ist nichts«, da »war nichts«, man sieht's nicht –, das oft Tage und Wochen später noch auftauchen kann. Wenn man es zulässt, heimlich abwartend kommen lässt.

Diese Lektürehaltung rechnet damit, dass es Wichtigstes gibt, das wir übersehen. Weil wir »wie blind dafür« waren. Wir lasen es, nahmen es wahr, aber es fiel uns nicht als für uns wichtig auf, wir erkannten keinen tieferen Sinn darin. So ein Inhalt kann, sollte er sich »im Nachhinein« nochmals melden, auch ein zweites Mal ohne weiteres abgewiesen, übergangen werden, wenn man sich diesen Bewusstheitsmangel – ist es überhaupt einer? –, wenn man sich diese Bewusstseins*eigenschaft* nicht von vornherein eingesteht und heimlich damit rechnet.

Rechnet, indem man das Warten zulässt.

Es geht bei dieser Methode nicht darum, sich zu fragen: »Was habe ich übersehen, was könnte ich übersehen haben?« Nicht darum, aktiv aufs Unbewusste zuzugehen. Im Gegenteil. Mit dieser zweiten Grundeinstellung sagt man sich: »Nicht ich, sondern das Unbewusste wird auf mich zukommen. Es könnte Wichtiges auftauchen lassen, was vor Tagen, vor Wochen, vor Jahren vielleicht, bei der Lektüre übersehen worden war.«

Auch diese Art zu lesen geht auf ein Erlebnis aus den siebziger Jahren zurück, als ich bei Asja, jener alten russisch-jüdischen Dame in Beverly Hills wohnte. Damals begegneten mir eines Abends gleich drei Beispiele, die, wie mir scheint, die abwartende, passive Haltung nicht nur beim Lesen rechtfertigen.

Unter den Exilanten, die zu Asjas Diners erschienen, gab es einen betagten Augenarzt aus Prag, Dr. Schäfer, den ich besonders mochte, auch weil er sich für meine Arbeit in der Filmschule interessierte und jederzeit ernsthaft auf Bücher und Filme ansprechbar war. Die Damen bei Tisch, vor allem die Gastgeberin, saßen stets gebannt da, wenn er, meist nach auffälligem Schweigen, als langweile ihn das Gesprächsthema, um seine Meinung gebeten wurde. Die kam dann in Stein gemeißelt, dass es die Damen fröstelte. Ein Effekt, den er zu verstärken wusste, indem er – dann auf Französisch – noch ein kurzes Wort hinzufügte, den gebührenden Schliff im Original-Atem lichter Vernunft. Zum Beispiel behauptete Dr. Schäfer an jenem Abend, wir saßen zu viert bei Tisch:

»Für mich jedenfalls ist jüdisch, wer jüdisch sein will.«

Er ließ das erst mal so stehen.

Dann hieß es natürlich: »Aber Simon, wie kannst du so etwas behaupten? *Mais non! Tu plaisante …*« Gleichzeitig deutete ein Lächeln an, dass Asja gerade dieses »*de trop*« und »*de choquant*« an ihm schätzte.

Nach kurzem Stillehalten griff Schäfer nochmals zum Meißel: »Wer behauptet, er sei jüdisch, weil er von einer jüdischen Mutter abstammt, argumentiert wie Hitler.«

Der Name hallte gleichsam über das leere, dunklere Ende des Esstischs, an dem sonst fünf weitere Gäste Platz gehabt hätten.

Asja protestierte. Jetzt war er ihr zu weit gegangen.

»Simon, ich bitte dich …!«

»*Tout à fait du même niveau*«, setzte Schäfer hinzu.

Um wieder auf die rechte Bahn zu lenken, von der man abgekommen war, begann Helen über eine Einladung ihrer Synagoge zu sprechen, die auch Asja erhalten hatte. Helen, die Freundin Asjas, war die andere gepflegte ältere Dame bei Tisch. Sie wurde stets gemeinsam mit Dr. Schäfer eingeladen – zwei Telefonanrufe, die Asja mich bat, unmittelbar hintereinander zu erledigen –, als hoffte Asja geduldig auf einen Funken, der, vielleicht schon beim nächsten Diner, überspringen und die alleinstehenden Freunde füreinander entflammen könnte.

»Du hast sie doch sicherlich auch erhalten, Simon?«, fragte Helen.

Dr. Schäfer schwieg. Da zog Helen die Einladungskarte aus ihrer Handtasche und schob sie zu ihm hinüber.

Sacht rührte Dr. Schäfer an die Lettern der ersten Zeile, schwarze hebräische Lettern. Sie glänzten, als wären sie nur Sekunden zuvor tintennass aufgemalt worden.

Helen warf Asja einen Blick zu: Spielt er jetzt den Gekränkten? Jedenfalls hieß es auf der Karte, dass der *Temple Israel of Hollywood* – die Synagoge auf dem Hollywood Boulevard, der sie angehörten – zum kommenden Datum eine neue Kantorin begrüße. Ich hatte Asja schon ein paar Mal »zum Tempel« gefahren, mir gemerkt, dass ich am besten zwei, drei Häuserblocks von der Synagoge entfernt, gleich nach der Gartenmauer, hinter der Coppola den Tod Brandos für den *Godfather* gefilmt hatte, langsamer fahren sollte, um nach einem geeigneten Parkplatz zu suchen.

»Eine Frau!« sagte Asja stolz zu ihren Gästen. Und zu mir gewandt, als hätte nun auch ich Grund zur Hoffnung:

»Eine junge Frau! Du wirst sie hören. Ihre Stimme soll –«

»Sie lässt sich auch durchaus *sehen*«, warf Schäfer ein. »Eine bezaubernde Frau und bezaubernden Namens: Aviva Rosenbloom!«

Helen verkniff sich die Frage, wie es möglich sei, dass Schäfer die neue Kantorin bereits kannte, und lenkte das Gespräch auf den von allen verehrten Dr. Nussbaum, den ehemaligen Rabbi des *Temple Israel of Hollywood*, der nur ein, zwei Jahre zuvor verstorben war.

»Wenn der Rabbi das noch erlebt hätte! Wie hätte er sich über die Stimme der Rosenbloom gefreut!«

Als ich nach Nussbaum fragte, drohten die Auskünfte der Damen im Klatsch zu versumpfen. In den fünfziger Jahren, beide Frauen erinnerten sich daran – wann war es? Na, Ende '50, jedenfalls kurz nach der *Katze auf dem heißen Blechdach* –, hatte Nussbaum Liz Taylor bei ihrem Übertritt zum jüdischen Glauben beraten. Begleitet. Angeleitet im jüdischen Glauben. Er hat sie konvertiert. Und das nur Monate – kein Jahr! –, nachdem Taylor vom Flugzeugunglück ihres Ehemanns Mike Todd erfahren und sich dann doch rasch, zu rasch vielleicht, kaum war er unter der Erde, in Eddie Fisher verliebt hatte. Und wer hat da wen an Land gezogen? Wie konnte sie das? Ich könnte das nicht. Sie sei dann wegen Fisher zu Rabbi Nussbaum. Ja, sie wollte zum jüdischen Glauben übertreten. Und Fisher, er wollte wohl, dass sie wollte. Für Liz jedenfalls ließ Fisher seine Ehefrau Debbie Reynolds fallen oder, wie man sagt, »im Regen stehen«, tja, »*singing in the rain*«, die Arme, ihre beste Freundin, angelt sich den Fisher, und am Tag, als die Scheidung von Reynolds durchkam, hat er dann Liz geheiratet, im Beisein Nussbaums natürlich, Rabbi Nussbaum hat die beiden getraut. Ja, hier in unserem Tempel, ich erinnere mich. Nein, nicht hier bei uns. In Vegas. Fisher war ja zu der Zeit in Vegas. Rabbi Nussbaum flog also hin? Flog nach Las Vegas und hat die beiden getraut.

Dr. Schäfer, ich sah es ihm an, konnte das so nicht stehen lassen. Zunächst dachten wir, er wolle nur etwas hinzufügen. Sein Ton aber war eher bedenklich. Als fiele ein Schatten auf Liz und auf Eddie, tiefer Schlaf auf Las Vegas.

»Von Rabbi Nussbaum,« sagte Dr. Schäfer, »wird erzählt, dass ihn in einer Nacht im November 1938 – keine 40 Jahre her also, er war Rabbi des Friedenstempels in Berlin – der Anruf eines befreundeten amerikanischen Journalisten aus dem Schlaf weckte.

›Max, deine Synagoge brennt!‹

Rabbi Nussbaum warf sich einen Regenmantel über, verließ seine Wohnung und traf den Journalisten ein paar Straßen weiter. Gemeinsam liefen sie hin.

Nein, sie rannten ja. Nussbaum rannte, da war es noch Nacht. Nussbaum rannte und verausgabte sich – auch weil er die Flammen vor sich zu sehen, schon hinter den Dächern ihren Aufschein zu erkennen glaubte. Oder war es das Morgengrauen? Ein paar Mal musste er halten, außer Atem, sich an einen Baum stützen. Lehnte die Stirn ins Dunkel der Rinde. So geschah's, dass der Langsamere an ihm vorbeilief und zuerst vor dem brennenden Friedenstempel eintraf, wo schon einiges Volk stand. Auch Feuerwehrleute waren hier am Werk, aber nur bemüht, die umliegenden Gebäude, die ›arischen‹, vor den Funken und Flammen zu schützen, die durchs Tempeldach sprühten, himmelwärts stachen.

Als Nussbaum eintraf, sah er den Freund nicht mehr, verschwendete auch keine Zeit, nach ihm zu suchen, drängte sich durch die Reihen hindurch, ganz nach vorn. Er sah –

Polizei.

Da packte ihn jemand am Arm.

›Kommen Sie mit!‹

Es war der Kantor des Tempels, der ihn zurückzog, ihn wegzog, durch die Reihen hinaufgaffender Gesichter, gerötet vom Schein der Flammen, nach hinten zog, hinter den Leuten fortzog, geduckt an Uniformierten vorbei, bis in den unbeachteten Rücken des Feuers, heimlich zur Hintertür, wo er hielt, dem Rabbi – niemand durfte sie sehen – das brennende Haus zu öffnen.

Kaum eingetreten sah Nussbaum, nach den ersten Schritten: den Thoraschrein offen, mit Axthieben zerschlagen. Man hatte die schweren Thorarollen aus dem Schrank gestoßen, sie brachial zerrissen – wer hätte die Kraft dazu?

Im Zerrissenen noch, das da weggeschleudert lag, über die zerhackten Bankreihen hin, glaubte Nussbaum sekundenlang den gebogenen Stiernacken eines Mannes zu sehen, der in Anstrengung ungeheuerlich übers Heilige gebeugt war. Er fühlte die äußerste Anspannung der Nackenmuskeln des Mannes, der, wie um Einlass ringend, eindringen wollte, des Knies, das die Rolle stumpf niederrang, unterm Stiefel sie hielt, während die Arme, zäh reißend, sie wütend im Riss durchrissen. Vor ihm lag ein hingeschleudertes Stück, das er aufhob. Es trug noch die Spur der Hand, die sich, wütend verklammert, daran blutig geschnitten hatte.

Da brachen Balken nieder vom brennenden Dach, schlugen nah auf und hüllten alles in Rauch, so dass Nussbaum, der ausgewichen und seitlich zurückgestolpert war, das Stück, das er hielt, verlor, den Arm schützend vor sein Gesicht zog. War er von etwas getroffen worden?

Er tappte ein paar Schritte hin, durch den Rauch, hörte auch von irgendher die Stimme des Kantors, die ängstlich nach ihm rief, hatte aber die Orientierung verloren. Da sah er ein kleines Licht – schwer zu sagen, wie weit es entfernt war, das Fünkchen –, ein ganzes Leben entfernt, in entlegenster Kindheit vielleicht, sah ein Licht im nächtlichen Wald, das vier Tiere anzog, Esel, Hund, Katze, Hahn. Und als auch er sich nun aufmachte, wie von ihnen gezogen, war er schon da, stieß mit gestreckter Hand an das Haus, den leergeraubten Thoraschrein.

Da, in der linken Ecke des Schranks brannte es schon.

Und als Nussbaum sich hinabbeugte, erkannte er, dass es eine kleine, übersehene Thorarolle war, die lichterloh brannte.

Er wich zurück – so schmerzhaft war ihm der Anblick. Hielt sich aber am Schrein selbst, Momente lang, als vergewissere er sich der Richtung, die der ihm bedeutete.

Aber das Licht.

Nochmals wandte er sich zurück zu der brennenden kleinen Rolle.

Starrte sie mitleidig an.

Sekunden so.

Plötzlich, wie wahnsinnig, griff er zu

griff hinein

griff sie an – und rasch

zog sie heraus, barg sie

unterm Flügel des Mantels.

Hielt sie dort unsichtbar fest mit der Hand, die, durchs Innere der Manteltasche hin, die brennende Rolle aufs Gelenk seiner Hüfte ihm presste, sie sichernd dort und, wie er hoffte, ihr Feuer erstickend.

So fand er zurück, hinkend, als habe er sich verletzt. Zurück zum Kantor, der ihn geduckt durch die Hintertür wieder hinausließ.

Nussbaum, so sagen manche, sei sofort in die nächste Straße geflohen, sei zunächst weitergerannt, es tagte bereits, er fürchtete, doch noch gesehen, erkannt zu werden.

Ging langsamer.

Zwang sich zu gemessenem Gang.

Dabei habe er sich in seiner Verzweiflung verirrt – denn fremd plötzlich, wie Fremde, liefen im Durcheinander, Tumult, die vertrauten Wege der Stadt.

Bis er gezwungen war, in einen abgedunkelten Hofeingang zu schlüpfen, um die Rolle, die der fühllos gewordenen Hand zu entgleiten drohte, unterm Mantel neu zu verstauen.

Als er sich schützend vornüber neigte, sie mit der freien Hand unterm Mantel hervorzuholen, sah er, dass sie vollkommen war.

Das Feuer hatte – er suchte sie ab, hinabgeneigt zu der Kleinen – nicht die Spur einer Spur hinterlassen.

Auch an der Hand, die er nun vorsichtig – sie schmerzte, der ganze Arm war völlig verkrampft – aus der Manteltasche zog, fand er keine Wunde, keine Male des Brands.

Er hat sie heimgeführt, aufbewahrt im Versteck, bis er 1940 mit seiner Frau Ruth Deutschland für immer verließ.

Heute ... – ihr spracht ja gerade davon, und die neue Kantorin, Aviva Rosenbloom wird singen darüber, ob sie es weiß oder nicht, ihre Stimme wird rufen nach Rabbi Nussbaum, ob sie es weiß oder nicht –, heute liegt sie in unserem Tempel, im Schrein, die kleine Verwaiste, gerettet.«

Dr. Schäfers Zeigefinger lag noch auf den Lettern der Karte, die Helen ihm zugeschoben und die er während der Erzählung ab und zu sachte betupft hatte. Plötzlich fuhr sein Finger empor – als glühte der Buchstabe darunter, so schien mir –, und Dr. Schäfer reichte Helen die Karte zurück.

»Dann hätte unser Rabbi Nussbaum also halluziniert?« fragte Helen. »Sie war doch unverbrannt, die kleine Rolle.«

Als Dr. Schäfer ihr nichts antwortete, sprach Helen, zu Asja und mir gewandt, in vertraulichem Ton, als wolle sie Rabbi Nussbaum verteidigen, seine Täuschung entschuldigen:

»In der Aufregung sicher, ich kann es mir vorstellen, der Arme, furchtbar, sein Haus in Flammen, alles in Flammen ...«

Da setzte Dr. Schäfer nochmals an. Mir schien zunächst, als sollte die Geschichte mit Rabbi Nussbaum weitergeführt werden, denn es war von einem Rabbi die Rede. Demselben? Ja. Nein, nicht von Nussbaum sprach er. Von einem anderen Rabbi. Ich weiß nicht mehr, ob er seinen Namen nannte. Ein namenloser Rabbi, der seine Thorarolle – die Kleine? –, nein, eine große Thorarolle, umschlungen hielt, sich nicht von ihr trennen wollte, als man ihn zerrte, ihn herzerrte. Also doch Berlin, doch dieselbe Barbarei, von der Schäfer jetzt sprach?

Mir war, als erwachte ich aus einem Schlaf – und vor dem brennenden Berliner Friedenstempel war's immer noch Nacht.

Hatte ich denn zugehört? Doch. Aber wie ging es nun weiter mit Nussbaum? Denn da bauten sich mir, je weiter Dr. Schäfer in seiner Erzählung kam, Mauern um ihn empor, Mauern um diesen Rabbi, die Mauern aber des alten Roms, Mauern um einen riesigen antiken Garten, mit Menschen, Flüchtlingen überfüllt, rußgeschwärzten Gesichtern, manche mit halbverbrannten Gestalten auf ihrem Rücken, die sie ablegten auf geschnittenes, wohlbewässertes Gras, unter den kühlenden Schatten der Hecken, neben Beete voll brennender Farbenpracht. Aus Teichen brachten sie Wasser herbei.

Hier erst wurde mir klar, dass Dr. Schäfer vom Großen Brand Roms im Jahr 64 erzählte, als Nero den obdachlos gewordenen Römern, die sich aus den Flammen gerettet hatten, seine weitläufigen Gärten öffnete.

Dann aber wechselte die Szene wieder, wie in einem Traum, Alptraum, ich kam kaum hinterher. Denn da war er wieder, der Rabbi, von dem ich doch bereits gehört hatte, der Mann, der festumschlungen die große Thorarolle hielt. Und die riesigen Gärten Neros – jetzt geleert, leergeräumt jetzt, alle Flüchtlinge entfernt – waren nicht mehr zu sehen unter der Sonne. Sondern, als der Tag kühl geworden war, eindrang die Nacht in den Garten, erlesenes Publikum nur noch.

Und da, Nero
als Rosselenker im Streitwagen.
Herrlich umjubelt vorbeiziehend, durch eine Schneise hinab
im herrlich geschmückten Wagen.
Eine Schneise zwischen fackelumleuchteten Beeten zur
einen,
dunkel wartenden Pfählen zur
anderen Seite.
Hinabhin zieht er im Wagen,
grimmig die Reihe der Pfähle musternd.
Bis der Göttliche das Viergespann weißer Rosse
auf Peitschenschlag
wendet und,
wie nach der Wende im Circus, aus der Distanz
jetzt beschleunigt,
herdonnernd jetzt,
dass die galoppierenden
Hufe mit ausgerissenen
Grasklumpen
treffen die Gäste der ersten Reihen,
vorbeijagen an ihnen die Hengste.
Und abermals wendet der Göttliche,
vom Jubel zurückbefohlen.
Denn jetzt, die Gärten liegen zwar nächtlich leer, aber
von dort her
kommt anschwellender Jubel,
vom frisch errichteten Treppengerüst her.
Jubel aus Hälsen erlesenen Publikums.

Vom Schein der Fackeln gebräunt
recken sie sich,
gaffende Günstlinge Neros.

Da führten Wachen welche herbei, unter denen war auch der
Rabbi, der die Thora umklammerte. Sie führten die Menschen
hin zur Allee der Pfähle. Und als der Rabbi, obwohl man ihn
schlug, sich nochmals zur Thora hin warf – der Pfahlhüter hatte
sie ihm bereits entwunden, sie hart auf einen Trittschemel ge-
schmettert, dass sie zwar nicht barst, aber, sich öffnend, ausrollte,
zu beiden Seiten des Schemels sich breitend aufs Gras – als er, der
Rabbi, also weiterhin zu ihr kroch, als hätten sich ihm die Arme
der Braut geöffnet,
da hielt
störrisch
scharf-störrisch vor der suchend-gestreckten Hand des Rabbis,
knapp-störrisch neben dem suchenden Finger, das
Großrad des Streitwagens Neros,
seine Felgen ringsum, seine Speichen quer hin
voller Augen, schrecklicher
Ares-Augen,
hielt, störrisch her-
rollend und
hin.
Störrisch ruckend neben dem Finger des Rabbis.
Und die Stimme des Rosselenkers,
Neros Gehäls, war zu hören:
die brüllte hinunter, dem Pfahlhüter zu,
»Ummantele ihn, den Brandstifter! Mit der Rolle als Zunder!«
Und einer vom Hofstaat Neros war schon herbeigeeilt. Es war
aber ein Schüler des Rabbis, und der Rabbi sein Lehrer und Meister, niemand wusste es, niemand durfte es wissen. Und der da
herbeigeeilt war, der war von der Tribüne gesprungen, als er sah,
was sie vorhatten mit dem Meister, und wollte die Thora retten.

Und hob sie auf. Und, kaum aufgehoben, riss man sie ihm wieder
aus Händen.

Und man wand sie, die Rolle
um den Rabbi, die heilige Rolle,
mit der man ihn band.

Und die anderen wurden gebunden-umwunden mit Zunder.
Aber der da, den umwand man mit ihr,
umwand ganz ihn mit ihr.

Und so vielfach umwunden
hob man ihn
wie die anderen der dunklen Allee
hob ihn hinauf an den Pfahl.

Und der Pfahlhüter umband den Umbundenen nochmals mit
Stricken. Und stieg dann vom hohen Schemel herab.

Und Knechte zogen hinab, die trugen das Becken glühender
Kohlen. Und reichten den Pfahlhütern Feuer.

So dass zusehends, zusehenden Publikums, der Garten Neros
in gellendem Glanz erstand, der ehemals Dunkle erschien.

Da sah auf der Schüler, hob die Augen zum Lehrer auf, sah hinauf am Pfahl und blickte den Meister mitleidig an, sein Mitleid aber
anderen verhehlend. Denn er hielt den Arm vors Gesicht, als wolle
er Schutz vor fallenden Funken, Schutz vor der sprühenden Schrift.

Aber sah über die Kante des Arms hinaus, sah es wie Morgen-
rot überm First, sah die Augen des Lehrers, die glänzten.

Von *ihnen* der Glanz.

Und plötzlich, wie wahnsinnig geworden, angerührt von einer
Ahnung, der größten vielleicht, und ohne Furcht vorm Erkannt-
werden, rief der Schüler durchs brausende Feuer zum Rabbi empor:

»Rabbi, was siehst du?«

Da antwortete der Rabbi – und der Schüler *sah*, was er sagte.

So dass er fiel mit dem Angesicht zu Boden, ohnmächtig.

Und doch vernahm er noch das stillbegeisterte Wort des Lehrers, das brennend zu ihm herabflüsterte:

»Die Buchstaben ewig, ich sehe sie fliegen, himmelwärts ziehen sie alle zum Höchsten!«

Da hielt Dr. Schäfer an.

Helen glaubte schon, er hätte geendet, ihrer Frage zur Halluzination Rabbi Nussbaums mit diesem Bild eine Antwort gegeben. Sie sah ihn an, als er schwieg, senkte dann ihre Augen.

Da fügte Dr. Schäfer noch etwas hinzu.

»Am nächsten Tag musste der Garten gereinigt werden – von den Resten, die Neros Rache an den angeblichen Tätern, den Brandstiftern Roms, die so viel Unheil über alles Volk gebracht, übrig gelassen hatte.

Man hatte den ohnmächtigen Schüler des Rabbis in der Nacht für betrunken aufgelesen. Aber am Morgen schlich er sich nochmals hinein in den Garten.

Es war der Pfahlhüter, den er vom Vorabend wiedererkannte, der ihm den Weg verstellte.

›Du gehörst nicht hierher‹, sagte der Mann, der sonst als Gärtner diente.

Der Schüler äugte seitwärts vorbei an ihm:

Die Pfähle, oder was von ihnen übrig gewesen sein mochte, hatte man bereits entfernt. Arbeiter waren beschäftigt, das Tribünengerüst abzubauen.

Der Schüler gab dem Pfahlhüter Recht, lobte ihn, dass er mit so scharfem Auge die Dinge des Gartens betreue – und das in diesen Zeiten! Nein, er sei selbstverschuldet zurückgekehrt. Denn als der göttliche Kaiser am vorigen Abend so glänzend auffuhr im Streitwagen, sei er von der Macht solchen Anblicks niedergeschlagen in Ohnmacht gefallen.

›Dort auf dem Rasen.‹

Der Schüler deutete hin. Dabei müsse er sich ein Kleinod, das er getragen und nach dem er nun suchen wolle, vom Halse gerissen haben.

›In meiner Begeisterung. Du verstehst meine Begeisterung‹, sprach er zum Pfahlhüter, ›beim Anblick des Kaisers.‹

Der Pfahlhüter aber blickte ihn fest an und ließ ihn nicht durch.

›*Dir* gebe ich's zu‹, sagte der Schüler endlich, ›ich war völlig betrunken.‹

Da lachte der Pfahlhüter. Und als der Schüler verschämt Anstalten machte einzutreten, ließ der Mann ihn mit derbem Tritt in den Hintern passieren.

Der Schüler rannte hinüber zur Stelle, wo der Pfahl gestanden. Nur noch ein armtiefes Loch war zu sehen, in das man das Holz eingerammt hatte. Um diese Höhlung her aber lag Asche weiß wie Kreide.

Der Schüler glaubte zunächst, die Asche des Rabbis vor sich zu sehen, unnatürlich weiß war sie.

Und als er sie berührte, sie aufzulesen, davon in eine Köchertasche, die er am Gürtel trug, zu streuen, tauchte die Asche die Augen des Schülers in den Glanz, den er in den Augen des Lehrers gesehen hatte.

Denn es heißt: im Auffliegen ordneten sich die Staben neu. Und der Lehrer habe das Buch im Aufflug gesehen, die neue Thora am Ende der Zeit. Ganz oben aber, im sichtbar Unendlichen, wo sich alles umfasst, hätten sich vereinigt die Auffliegenden. Zu einem neuen Buchstaben geformt, dem einen, der uns bis dahin fehlte.

Hier aber gehen die Erzählungen auseinander«, sagte Dr. Schäfer. »Manche sagen, er habe von da an mit den Augen des Lehrers gesehen, hindurchgelesen zum Glanz der neuen Thora. Auch habe er in diesem Glanz das Weiß des Kreideschnees jener Asche, die rund um das Loch verstreut lag, erkannt – es erkannt als das Weiß des leeren Raums zwischen den heiligen Lettern der Schrift.

Denn jene zweiundzwanzig hebräischen Buchstaben, mit denen der Herr die Welt erschaffen hatte, waren unverlöschlich. Unangetastet vom Feuer waren sie aufgefahren zum Herrn der

Welt. Der Raum aber zwischen den leergewordenen Stellen der Buchstaben jener Thorarolle, der lag verstreut nun in weißer Verborgenheit. Und, sagen manche, die Sprache, die sonst nicht zu lesen sei, die Sprache der Leere, der weißen Verborgenheit, die zwischen den Staben sonst kreideweiß nistet, sei ihm lesbar geworden. Ja, sie habe geredet mit ihm, da er die Asche berührte.

Andere sagen, er habe nichts gefunden in ihr, dieser Asche, auch keine Überreste des Lehrers. Denn mit solch übersteigendem Glanz habe den Meister erfüllt, was er sah, als der Schüler hinaufrief:

Meister, was siehst du?

In der weißen Verborgenheit aber, die übrig lag am Morgen des nächsten Tags und in der er suchte, der Schüler, sie sammelnd noch von den sichelgekürzten Klingen und kreidegestrichelten Spreiten der Halme im Gras, sie einlesend in den Köcher der Tasche, sei ihm – flüchtig – ein einziger schwarzer Buchstabe sichtbar geworden.

Im Augenaufschlag.

Einer.

Als sei der, dieser eine, zurückgeblieben. Oder herabgekommen, die anderen zu holen, sagen andere. Denn diesen einen Buchstaben – der Schüler erkannte ihn nicht, hatte ihn nie zuvor gesehen. Dann aber wieder war's ihm, als habe er stets nur ihn, außer ihm aber nichts gesehen im Leben. Daher ihn nie erkannt.

Da,

Aufschlag der Augen,

habe er ihn erkannt.

Aber wer könnte ihn beschreiben? Wer hätte die Kraft? Nein, sagen andere, wer wäre schwach genug?

Nun wird erzählt, das sei der dreiundzwanzigste Buchstabe gewesen.

Der, auf den die Welt wartet.

Der alles wieder zusammensetzen wird.

Nein, sagen wiederum andere: sondern gesehen habe er den, der alles zusammenhält. Denn das sei die Aufgabe des Dreiundzwanzigsten:

Die Umfängnis.

Wenn es ihn nicht mehr gibt, sie nicht mehr gäbe, die alldurchdringende Umfängnis, wenn er gelesen würde, gerufen, sie aufstünde, sich zu erheben – zerfällt diese Welt.«

Ich weiß nicht mehr, wie der Rest des Abends verlief, glaube mich aber zu erinnern, dass Asja mich instinktiv bat – vielleicht, um alles und alle zusammenzuhalten –, ich solle doch noch ein Foto von ihnen machen.

Dann knipste Helen noch eines von Asja, Dr. Schäfer und mir.

Dr. Schäfer, wie es öfter der Fall war, bat mich, ihn noch nach Hause zu fahren. Er meinte, er habe zwar nicht übermäßig getrunken, aber – sicher sei sicher.

»Zurück in den Himmel«, sagte er. Das wäre ganz wunderbar. Sein Haus – er lebte allein – lag kaum zehn Minuten entfernt in den Hügeln am Cielo Drive.

»Aber erst liefert ihr Helen noch ab«, sagte Asja vertraulich zu Dr. Schäfer.

Helen, die es gehört hatte, meinte, das sei überhaupt nicht nötig, sie wohne doch nur ein paar Straßen weiter.

»Kommt gar nicht in Frage«, rief Dr. Schäfer. »Du wirst von uns sicher nach Hause gebracht. Ist sonst viel zu gefährlich, so mitten in der Nacht.«

Wir fuhren also über Roxbury Drive und lieferten Helen ab. Ich brachte sie noch an die Tür.

Als ich mich verabschiedete, ihr im Licht der kleinen Lampe unter der Haustür die Hand gab, fühlte ich den schütteren Stoff ihrer Handschuhe, hellblau waren sie, die sie sich während der kurzen Fahrt im Wagen übergestreift haben musste.

Wenig später, als ich ihm vor seinem Haus auf Cielo aus dem Wagen half, meinte Dr. Schäfer, ich solle doch noch auf einen Drink mit hineinkommen. Ich wusste, dass er, wie Asja, Angst hatte vor Einbrechern, auf die er nachts, bei einsamer Rückkehr ins Haus, stoßen könnte. Schon seit einigen Jahren fürchtete er sich, seit den Tate-Morden nämlich, die, ein paar Grundstücke weiter, die Straße hinauf, am Cielo Drive verübt worden waren und die ganze Stadt in Angst und Schrecken versetzt hatten. Dr. Schäfer hatte einen Lichtschalter, gleich innen, neben dem Eingang anbringen lassen, mit dem auf einen Schlag alle Lichter im Haus, auch Radio und Fernseher im großen Wohnzimmer, ansprangen.

Er wartete dann immer eine Minute, sah dabei würdig auf eine Taschenuhr, als messe er jemandem den Puls. Eine Minute – Eindringlingen Gelegenheit zur Reue zu geben, zum Rückzug, zur Flucht jedenfalls.

Seltsam, ich hatte an jenem Abend keine Angst, war noch ganz mit den Bildern beschäftigt, von denen er uns erzählt hatte.

Ich trat also vor ihm ins Haus, als wolle ich ihm heute die Angst nehmen, die Wartezeit etwas verkürzen. Ich stieg die zwei Stufen hinab, bog um die Ecke und stand im großen Wohnzimmer.

Alles war beleuchtet, hinterm Glas der Schiebetüren zum Garten, durch die Spiegelung fast verdeckt, strahlte der Pool. Selbst dessen Unter-Wasser-Beleuchtung war angesprungen.

Auf der gegenüberliegenden Seite des Raums stand ein riesiger Glasschrank – ein verschlossener Schrein, in dem er seine Sammlung der *Bibliothèque de la Pléiade* aufbewahrte. Würde die Stadt, sagte er einmal zu mir, im großen Erdbeben, das wir alle fürchteten, eines Tages untergehen, Jahrzehnte später dann Archäologen der Zukunft hinabgraben – plejadentraurig, so tief –, fänden sie hier alles, um Kultur wieder herzustellen. Alles, was zählt.

Von der Haustür her hörte ich Dr. Schäfer rufen. Da fiel mir das Bild vom ängstlich rufenden Berliner Kantor wieder ein.

»Alles in Ordnung!« rief ich zurück.

Plötzlich wurde es still. Radio und Fernseher ausgeschaltet, nur einige Tischlampen und eine Reihe Leuchten, parallel zum Glasschrein der Bibliothek in die Decke versenkt, blieben hell.

»Haben Sie eigentlich alle Bände?« fragte ich ihn, als er eintrat.

Vielleicht hatte er genickt, und ich hatte das übersehen. Ich bewunderte ja die Bände, las die Buchrücken, die vor mir standen.

Jedenfalls begann er, scheinbar zusammenhanglos, vom Prag seiner Jugend zu erzählen. Noch vor dem Ersten Weltkrieg sei das gewesen, da saß er einmal mit einer jungen Frau, einer Amateurfotografin, in die er verliebt war, in einem Café. Als sie aufbrechen wollten, wurde ihnen, sie standen kurz vor dem Ausgang, von einem der Tische her zugewinkt.

Es war ein Mann – Schäfer kannte ihn, sagte er –, der mit ein paar anderen an einem Tisch unweit des Fensters saß und das Paar zu sich bat. Schäfer sei im selben Moment klar gewesen, dass dies nur der jungen Frau wegen geschah.

Der Mann, der die junge Frau auch sofort ins Gespräch verwickelte – rasch erhob er sich, rückte einen Stuhl zwischen sich und den Tischnachbarn, neigte die Rückenlehne leicht an und schob ihn der Platznehmenden vorsichtig unter –, sei Max Brod gewesen.

Er, Schäfer, habe damals nur gedacht: Nichts wie weg! Angespannt habe er auf eine Pause gewartet, die sich im Gespräch doch ergeben müsste und die er dann nützen würde, um sich von Brod und den anderen freundlich, aber bestimmt zu verabschieden, das Café mit ihr zu verlassen.

Aber die Leute am Tisch, vor allem seine Begleiterin, hätten ständig gelacht.

»Brod hielt sie alle am Lachen mit seinem dummen … Ulk.«

Er, Schäfer, hätte sich nie hergegeben zu so etwas. Aber Brod sei aufgestanden und habe den Chaplin gemacht, den Chaplin-Gang nachgemacht, den Clown gegeben, sei um den ganzen

Tisch rumgewatschelt und habe dann eine ganze Szene zum besten gegeben. »David gegen Goliath« – und Brod spielte beide, sprang auf die Seite Davids, des Kleinen, und sprang mühelos zurück, um als Riese Goliath zum Davidlein hinunterzudräuen. Hin und her sei er gehüpft. Irgend so etwas war's, er erinnere sich nicht mehr genau. Jedenfalls war's ein verrücktes, sich dann zuspitzendes Hin- und Hergehüpfe, das plötzlich in einem geraubten Kuss endete.

Einem Kuss.

Brod habe die junge Frau geküsst. Als Tramp natürlich oder als kleiner David, er wisse es nicht mehr. Er habe's nicht kommen sehen. Sondern der andere habe plötzlich – den Moment der Nähe zur Lachenden nutzend – mit Kuss geendet.

Schon war's geschehen. Unverschämt. Nichts zu machen.

Und alle am Tisch, alle hätten herrlich gelacht, auch Schäfers Begleitung, die junge Frau, habe gelacht.

»Dann lief sie rot an.«

Später habe sie's geleugnet. »Es ist nicht so«, habe Schäfer insistiert, »du hast gelacht.«

Dieser Moment, dieser eine, sei ihm lebhaft in Erinnerung. »Ich verzieh ihr das nicht. Zu lange nicht«, sagte er.

»Was hätte sie denn tun sollen? Sie war doch – «

»Ohrfeige«, unterbrach Schäfer.

»Wäre das nicht etwas zu heftig gewesen?«

»Ohrfeige.«

»Es war doch nur ein Kuss …«

Er sah mich an, enttäuscht, dass ich nicht verstand. Der andere war ihm zuvorgekommen.

Jedenfalls – so erzählte Dr. Schäfer nun weiter – habe sich, kurz darauf sei's gewesen, der Moment eingestellt, auf den er gewartet hatte. Endlich. Schäfer hatte sich, nach kurzer Blickverständigung mit der jungen Frau, erhoben, allen einen schönen Abend gewünscht, als er, schon zum Ausgang gewandt, ihre

Stimme hinter sich hörte, die ihn bat, noch ein Foto von der kleinen Runde machen zu dürfen.

Brod habe sich, kaum hatte die junge Frau den Wunsch ausgesprochen, lächelnd in Pose gesetzt. Einmal kurz die Lippen geschürzt, meinte Schäfer. Und sein auflachender Tischnachbar habe gewinkt, Schäfer solle sich doch rasch ins Bild, auf den freigewordenen Stuhl zwischen ihnen setzen.

Aber Schäfer blieb ungeduldig stehen, ließ sie ihr Foto knipsen. Und habe dann Jahrzehnte lang nicht mehr an die Szene gedacht.

Erst in den späten vierziger Jahren habe er festgestellt, dass es jene Frau auch nach Los Angeles verschlagen hatte. Ganz so jung war sie nicht mehr. Ein paar Mal sah man sich wieder, tauschte Erinnerungen aus. Aber der Moment war vorüber. Er hatte zu lange gewartet.

»Ende der Fünfziger ist sie verstorben.«

Am Nachmittag nach der Beerdigung – er sei unter den Trauergästen in ihrem Haus auf Schumacher Drive gewesen, auch Rabbi Nussbaum saß unter ihnen und tröstete eine weinende junge Dame, eine Freundin der Verstorbenen –, da habe er plötzlich jenes Foto wieder in der Hand gehabt. Das Foto, das sie damals im Prager Café vor dem Auseinandergehen aufgenommen hatte.

»Es lag, unter vielen anderen, in einer Schachtel mit Erinnerungsstücken, die ich kurz überflog.«

Eigentlich habe er davon ja nichts anrühren wollen. Denn eigentlich habe er versucht, Rabbi Nussbaums Flüstern zu entziffern, der in einer Sitzecke mit jener weinenden jungen Dame sprach. Er selbst, Schäfer, habe dabei sogar seine Lippen bewegt, mitbewegt, als könnte ihm so kommen, über die Lippen kommen, was der Rabbi ihr geheimnisvoll zusprach und die Dame ihm antwortete. Aber er habe nichts verstanden, hörte sich nur dunkle Wortfäden nachflüstern, Sprache, die keinen Sinn ergab. Die weinende junge Dame übrigens sei Helen gewesen. Rabbi Nussbaum habe ihn später mit ihr bekanntgemacht.

»Da, wie gesagt, plötzlich, wie ein Los«, meinte Schäfer, »hab ich's herausgezogen, das Foto. Später war mir, als hätte sie's meiner Hand zugespielt. Beim Lippenlesen.«

Unwillkürlich kniff er Daumen und Zeigefinger zusammen, als hielte er es wieder. Fixierte es einen Moment lang, das unsichtbare.

»Warum erkannte ich's sofort wieder? Ich hatte es doch nie zuvor gesehen ... Weil mir der lächelnde Brod sofort ins Auge stach. Ein durchaus liebenswürdiges Lächeln war es. So dass ich fast darüber erschrak. Ich hatte ihn in ganz anderer Erinnerung. Verzeih mir, ich habe dir Unrecht getan, dachte ich noch ...« Irgendein Teufel, ein Eifersuchtsteufel müsse ihn damals geritten haben, der alles verzerrt und ihn blind gemacht habe.

»Ich wollte das Foto schon wieder ablegen, da fiel mir die Lücke auf. Der freie Stuhl zwischen ihnen, auf den mich Brods Tischnachbar hatte winken wollen. Für ihr Foto, verstehst du?«

Ich nickte.

Erst da – erst in diesem Augenblick – sei ihm der Mann aufgefallen.

Dr. Schäfer lief ans Ende des Glasschreins zu einer kleinen Ablage und streifte sich ein Paar weiße Restauratorenhandschuhe über, als sei er dabei zu zaubern, und ich, aus dem Publikum herberufen, nun Teil seines *magic act*:

Full Restoration! Hier und jetzt. Wiederherstellung alles Vergessenen, alles Übersehenen, aller verlorenen Scherben!

Sein Handschuh deutete aber nur hinters Glas seines Bücherschreins. Dort stand ein einzelner Pléiade-Band, den er vor kurzem erworben und noch nicht eingeordnet hatte. Er stand etwas für sich, wie man sagt.

»Haben Sie das Foto noch?« fragte ich, während er den Schrank vorsichtig aufschloss.

Er schien nicht zu verstehen. Ich wiederholte:

»Das Foto, das Ihre Bekannte damals gemacht hat?«

»Was willst du denn jetzt noch wissen?« antwortete Dr. Schäfer, während er vorsichtig das Buch aus dem Schrein hervorholte. »Du bist unersättlich.« Er schlug es am Leseband auf.

Ich schwieg, so befremdlich zurechtgewiesen.

Ebenso fremd und doch dunkel-vertraut klangen die französischen Zeilen, die ich ihn nun aus dem Band vorlesen hörte und mir zu übersetzen begann:

»Was willst du denn jetzt noch wissen?« fragt der Türhüter, »du bist unersättlich.«

»Alle streben doch nach dem Gesetz«, sagte der Mann, »wieso kommt es, dass in den vielen Jahren niemand außer mir Einlass verlangt hat?«

Der Türhüter erkennt, dass der Mann schon an seinem Ende ist, und, um sein vergehendes Gehör noch zu erreichen, brüllt er ihn an:

»Hier konnte niemand sonst Einlass erhalten, denn dieser Eingang war nur für dich bestimmt. Ich gehe jetzt und schließe ihn.«

Dr. Schäfer klappte das Buch wieder zu. Er hielt ihn in Handschuh-Händen, den Unerkannten, der ihm wiedererschienen war, den übersehenen Tischnachbarn Brods, so unvermutet auf dem Foto von damals erkannt.

Und Schäfer, der mir den Kostbar-Verschollenen doch nur zeigen wollte, als sage er: »Hier, ich habe ihn wieder, der war's doch, war's schon immer gewesen!«, entsetzte sich still, als ich missverstand, die Geste überging und ihm den verlorenen Sohn handschuhlos aus der Hand nahm.

Auf dem Buchcover las ich, unterm Foto des Autors, den Titel:

KAFKA – ŒUVRES COMPLÈTES I

Da begann ich die Buchstaben zu zählen, mit klopfendem Herzen.

Und das Zählen war, Stabe auf Stabe, angstvoll. Toröffnend wäre die Zahl. Und kam näher wie näherrückender Schlag einer Pauke.

DRITTER TAG

Ich war früh wach geworden – die anderen schliefen noch –, machte mir Tape-Notizen zum Gespräch, das sich nach Veras Lesung gestern Nacht noch entwickelte. Zunächst gab es Bemerkungen zum Schluss der Erzählung.

»Was heißt bitte ›Buchstaben zählen‹? fragte Ava. »Ich kann das nicht beim Hören. Aber überhaupt: Was heißt das, was soll das?«

»Du hast völlig Recht. Das kannst du nur beim Lesen. Wenn du die Buchstaben des Titels zählst: KAFKA – ŒUVRES COMPLÈTES, dann sind das 21 Buchstaben.«

»Also die Anzahl der Buchstaben des hebräischen Alphabets – minus 1. Und was hieße das? Soll das heißen: ›Es kommt nicht ganz hin‹? Wer oder was käme da nicht ganz hin?«

»Es sind 22 hebräische Buchstaben, mit denen Gott der Legende nach die Welt erschuf, wenn ich es recht verstanden habe«, sagte Vera.

»Richtig. Mit den 22 soll Jahwe alles erbaut haben«, sagte ich. »Ich habe die symbolische Aussage auf ihrer Ebene einmal wörtlich genommen und nachgezählt, nachgemessen gleichsam, welches ›Urfeld‹ der hebräische Text der Genesis mit dem ersten Einsatz aller 22 Buchstaben absteckt. Wie weit lese ich, bis alle 22 Buchstaben vollständig gesetzt sind? Der Text beginnt mit dem Buchstabe Bet, dem ›Haus‹, des ersten Worts, Bereschit, das man gewöhnlich mit ›Im Anfang‹ übersetzt. Der letzte Buchstabe, der lange ausbleibt, ist Samech. Er taucht erst im elften Vers des zweiten Genesis-Kapitels auf. Samech wäre der letzte, der alles ›umschließt‹, alles ›stützt‹, wenn man so will. Die 22 erstgesetzten Lettern durchwirken damit ein noch gänzlich unbewusstes Feld: beide Schöpfungsberichte, den zweiten aber nur bis knapp vor den Augenblick der Bewusstwerdung. Ein Feld also, in dem der Mensch noch nichts gesagt hat, nichts zu sagen hat, noch unbewusst paradiesisch lebt, Anhängsel Gottes. Die 22 umreißen einen ersten *Unit*, so etwas wie eine Urzelle, kreatives Urmuster, in dem Bewusstsein zwar enthalten sein könnte, aber noch nicht sichtbar ist. Diese Buchstaben besäßen jedenfalls eine mysteriöse symbolische Kraft, die mit dem Kreativen assoziiert wäre, mit nichts weniger als der Erschaffung der Welt. Wie ein zweiter Betsalel daher komponiert der Autor der Klagelieder Jeremias sein biblisches Buch nach diesem Muster, dem Prinzip jener 22 heiligen Lettern. Indem er über die Zerstörung Jerusalems durch die Babylonier klagt – ein Geschehen sechs Jahrhunderte vor Christi Geburt –, baut er die zerstörte Stadt und alles, was sie bedeutet, in den ersten vier akrostisch komponierten Liedern des Buchs heimlich bereits wieder auf! ›Die Klagelieder Jeremias‹, das sind nämlich fünf Gedichte aus jeweils 22 Versen. Er beginnt den ersten Vers mit dem Buchstaben Alef, den zweiten mit Bet, den dritten mit Gimmel und so weiter, bis zum Schin, bis zum Taw, den beiden letzten Buchstaben des Alefbet. Und somit baut er aus der Trauer selbst, aus seinen entsetzlichen Klagen über die entsetzlichste Verheerung: das neue Gefäß. Er baut es aus den allesumfassenden Zweiundzwanzig, den heiligen Buchstaben, die wie heimliche Hüter des Anfangs das chaotisch Zerstörte ordnend durchstehen. So entsteht neues Gefäß, neue Fassung.«

»Diese Buchstaben wären also ...?«

»Psychologisch verstanden, wären sie vielleicht so etwas wie Sinn, wären die Sinnstiftenden, schon in ihrer Ordnung. Sie entsprächen den Archetypen. Im Persönlichen noch ist das nachvollziehbar. Wenn du ›zerstört‹ am Boden liegst, kann das Wissen, wozu und warum es geschah, dir wieder aufhelfen. Der Sinn also baut auf. Schafft den Unterschied zwischen Tag und Nacht. Diesen Sinn würden die heiligen Buchstaben, die der Autor einkomponiert, tragen. Sie symbolisieren ihn, würden wir sagen.

Die Klagelieder Jeremias sind ein großer, fünfmal wiederholter *Dissolve*: das neue, das größere, das umfassend-numinose Gefäß scheint durch das Zerstörte, das es beklagend umfängt, überblendend hindurch. Es wird gerade durch die tiefste Niederlage hin sichtbar: Es erscheint. Da ist der Glanz. Da ist auch das Tor – auch Jerusalems Tor, es öffnet sich wieder vor ihm, diesem Glanz. In den gezählten, fünffach erzählten Zweiundzwanzig baut es sich auf und öffnet sich wieder. Gott muss sie hören, wird den ›Anfang‹ heraushören, das ›Prinzip‹. Er hört in den Klageliedern den Anfang mit. Ja, er wird in den 22, die ihm gehören, anklingen hören, dass Jerusalem ihm gehört, wird lautend gereizt, in den verlauteten Zweiundzwanzig: anzupacken, wiedererstehen zu lassen! Noch in der Klage, noch durch sie hindurch, soll es sich ereignen. Auferstehung. Die Kraft dieser Symbolik drang noch bis in unsere Tage, bis in die Liturgie der traditionellen katholischen Karwoche hinein. Man singt die Klagelieder des Jeremia. Warum? Der am Kreuz Gestorbene wird frühmorgens in ›Finstermetten‹ beklagt, wird mit der zerstörten heiligen Stadt identifiziert. Aber jene Verse enthalten – unterm Gewand der Übersetzung nur verborgen, wie verloren vielleicht – immer noch die verwandlungskräftigen Lettern des hebräischen Originals. Denn auch wenn wir die Verse in Übersetzung sprechen oder lesen, wird unser Unbewusstes an jene vergessenen Zweiundzwanzig erinnert, im fortlebenden Sinn. Und so erinnert, schlägt sich der Funke der Auferstehung darin los, taucht aus den Finsternissen die Flamme des Ostern. Der Tod wird nicht nur beklagt, nicht nur durchwartet. Sondern es ist, als bauten die Gläubigen im gesprochenen Vers, wissend-unwissend-heimlich, am größten Gefäß überhaupt.«

»Aber wie du sagst, das Alphabet stimmt ja in den Übersetzungen nicht überein.«

»Klar. Und die Buchstaben des Titels, die gezählt werden, da wiederholen sich ja einige. Kein Akrostichon. Es ist nur noch ein Abglanz, ein fernes Abbild. Vielleicht wurde ich in der Erzählung – inspiriert von den Erzählungen Schäfers über den Rabbi, jene auffliegenden ewigen Lettern – geradezu zum Zählen verleitet. Provoziert gewissermaßen. Ich wollte wissen, ob es nun – sagen wir ›zufällig‹ – 22 sind.«

»Und was wäre das dann?«

»So etwas wie ein Abglanz des Heiligen. Dorthin will ja auch Kafka. Nein, will sein Mann vom Lande. Der vor dem Tor, vor dem Gesetz wartet.«

»Nun sind es aber nur 21.«

»Ja. Aber ich habe gezählt.«

»Was hieße das?«

»Ich weiß es nicht. Ich kann dir nur sagen, dass ich es in jenem Moment tun musste. Ich musste zählen.«

»›Toröffnend‹, heißt es ja«, sagte Vera. »Als würdest du …«

»Ich kann es nicht sagen. Kann nur anzählen, zu zählen beginnen.«

»Mit klopfendem Herzen.«

»Ja. Unbedingt. Sonst lass es gleich sein.«

»Ich habe noch einmal nachgezählt«, sagte Wyatt. »Mit der Numerale, der römischen »I« für den ersten Band, sind es 22. Nicht *die* 22 – aber ein Abglanz davon. Eine Erinnerung.«

»Wenn du den Strich zählst«, sagte Ava, die sich die Manuskriptseite aus Veras Hand genommen hatte, »sind es sogar 23. Der Strich wäre das dreiundzwanzigste Zeichen.«

»… das die Welt wieder zusammensetzt«, sagte Vera.

»Wir hätten es übersehen.«

»Es ist nicht da, dieses Zeichen. Auf dem Cover der Ausgabe, die ich hielt, war kein Strich. Ist kein Strich.«

»Jedenfalls nicht zu sehen.«

»Du hast den Strich im Manuskript absichtslos hingesetzt, unbewusst?«

»Nicht im Wissen vom Dreiundzwanzigsten. Aber genau. Genau *das* ist der 23. Buchstabe. Da hast du ein Bild, einen Abglanz davon, ein erlebtes Beispiel dafür. Der Dreiundzwanzigste ist, wenn überhaupt, nur einen Augenschlag lang zu sehen.«

Am Nachmittag erfuhr Ava, dass die Gefahr im Norden noch nicht abgewendet war. Die Winde hatten sich verstärkt, ihr Haus aber war bis zu diesem Zeitpunkt unbeschadet geblieben.

»Und du?« hörte ich sie mehrfach besorgt fragen.

»Und du …?«

Auch das Feuer in Brentwood hatte sich ausgeweitet, war längst nicht unter Kontrolle.

Wyatt und Vera kamen von einem Spaziergang am Strand zurück, berichteten, in den Hügeln über Malibu sei Feuer ausgebrochen. Am Strand habe ihnen jemand berichtet, dass im Norden vierzehn Feuer in zwei Tagen gelegt worden seien. Erst dann habe die Polizei den Brandstifter geschnappt. Er kam nicht aus Kalifornien, sondern war eigens eingeflogen, die Feuer zu legen.

Am Abend, kurz vor Sonnenuntergang, kamen wir wieder auf der Terrasse zusammen. Nachdem sich alle gesetzt hatten, war die Reihe an Wyatt, uns den nächsten Text, den ersten des *Gottesquartetts* vorzulesen.

BEHERBERGUNG
DES GÖTTLICHEN

Ja, nenne uns »Samuel«! Gib den Namen, den Gott rief im Traum, den Menschen zurück, indem DU zu uns sprichst, Deinen Träumern.

So könnte es lauten, das Gebet derer, die sich sehnen nach solcher Erfahrung. Nicht ohne Furcht vor ihr.

Wie aber, wenn GOTT uns so heute noch zuriefe?

»Samuel, Samuel!«

Viel leiser vielleicht, als wir's uns vorstellen können?

Denn wo verschließen wir uns dumpf solcher Stimme oder verharren unbewusst wie im Schlaf?

Einem tieferen vielleicht, als Samuel ihn je schlief?

Ich habe den Eindruck, wir verharren samuelgleich jeder in seinem Schlaf. Verharren, das heißt, bleiben auch »offenen Auges« in solchem Schlaf, solcher Unbewusstheit, indem wir, in Projektionen gefangengeführt, stets glauben, es sei ein anderer Mensch, der uns ruft und der etwas von uns will.

Und nicht Gott.

Es ist meine Vermutung – meine These –, dass jede Projektion eine unbewusst gelebte, noch nicht realisierte Prophezeiung enthält. Projektionen stellen noch-unbewusste Prophezeiung dar. Ich könnte auch sagen: Jede Projektion enthält eine an uns persönlich gerichtete Prophezeiung. Eine Prophezeiung, die aus dem Unbewussten kommt: nicht von uns, nicht von Menschen gemacht. Eine Prophezeiung, die noch nicht verstanden, noch nicht gehört wurde, und die bis zum Moment der Bewusstwerdung: un-erhört bleibt.

Was meine ich mit Projektion?

Bei Matthäus spricht Jesus: »Was siehst du aber den Splitter im Auge deines Bruders, doch den Balken in deinem Auge nimmst du nicht wahr?«

Psychologisch gesprochen diagnostiziert Jesus hier den Vorgang einer Projektion. Wir erkennen unser Problem nicht an uns selbst, in uns selbst, als uns selbst betreffend, uns selbst zugehörig, als ausgehend von uns. Wir »sehen« dieses Problem zwar, erkennen es als anstößig – mit entsprechend großem Affekt, mit Ärger, mit Wut, mit Liebe oder Hass –, aber zunächst immer am anderen, am »Bruder«, an der »Schwester«. Unentwegt außen.

Und meist hält sie sich hartnäckig, unsere Projektion. Denn der unbewusste problematische Inhalt findet außen den passenden psychologischen Haken, an dem er sich aufhängt. Der Haken, das ist der »Splitter im Auge des Bruders« oder der »Schwester«.

Das Ärgernis, das Böse, das Problem bleibt dann nach außen verbannt, ist uns außen sofort »lokalisierbar«. In uns selbst bleibt es unbewusst, unerkannt. Es ist nur immer wieder »dort«, bei »jenen« zu sehen, zu bekämpfen oder anzuhimmeln, »dort«: als höchst Erstrebens- oder als zutiefst Verachtenswertes vorhanden.

Genau genommen ist es also so: Ein unbewusster Mensch – das heißt zunächst mal: wir alle –, ein unbewusster Mensch trifft sich notwendigerweise immer wieder »dort draußen« an, in der äußeren Welt, begegnet sich in diesem Ärgernis, in jener Faszination, in den Objekten seines Hasses oder seiner Begierde, wann immer er »heiß läuft«, sich echauffiert oder glaubt, auf etwas mit besonderer Eiseskälte reagieren zu müssen. Immer dann trifft er eigentlich sich selbst, einen jener »Geringsten«, von denen Jesus spricht und mit denen er sich recht eigentlich identifiziert:

»Was ihr getan habt einem unter diesen meinen geringsten Brüdern, das habt ihr mir getan.«

Man trifft sich an und – weiß es nicht. Das heißt, wir begegnen versprengten Teilen unserer selbst, eben diesen unbewussten Inhalten, und wissen nicht, dass wir, kümmerten wir uns um sie, Göttlichem Herberge gäben, Heiligem Asyl. Denn Jesus, wie gesagt, setzt sich mit diesen gleich.

So bleiben wir, im schlimmsten Fall, lebenslänglich dazu verdammt, uns unwissentlich immer wieder anzutreffen, in anderen zu begegnen, ohne uns je zu erkennen. Ohne, psychologisch gesprochen, diese Projektionen je zurückzunehmen und die Arbeit am Kreuz zu beginnen, das wir selbst tragen sollen, das heißt: die Arbeit am »Balken im eigenen Auge«. Die Arbeit, die darin bestünde, diesen Balken im eigenen Auge – im Licht des Bewusstseins, Licht der *Bewusstwerdung* – aufzuheben, Jesus *so* nachzufolgen.

Den Balken aufzuheben, aufzunehmen, an sich zu nehmen, ihn als eigene Aufgabe, als das eigene *assignment*, den eigenen gottgegebenen Auftrag – und nicht als auswärtiges Problem eines anderen – zu verstehen, darin bestünde die Rücknahme einer Projektion, Beherbergung des Göttlichen.

Man sollte, meine ich, die Rücknahme von Projektionen als ein »Zurück-binden«, ein *religare,* andernfalls als ein sorgsamgenaues Beachten der oft schmerzvoll zurückgewonnenen Inhalte begreifen, also als ein *relegere* der Stimme, die zu Samuel sprach.

Jetzt aber zu uns spricht.

Der Stimme mithin, die uns – in unseren Projektionen – meist unerhört-unbeachtet umgibt.

Die Leistung solcher *re-collection*, Rücknahme, das heißt: eines Zurückversammelns Verlorener, Geringster, ist als *grundlegend religiös* anzusehen. Sie legt den Grund, neue Sicht auf die eigene Wirklichkeit, von der auszugehen ist. Gefordert ist eine Religion der Rücknahme von Projektionen. In ihr wäre Erfüllung des Wortes Jesu:

»Denn es ist nichts verborgen, das nicht soll offenbar werden, und ist nichts Heimliches, das nicht soll an den Tag kommen.«

Inwiefern wäre solche *Rücknahme* einer Projektion nun auch erlöste, erhörte Prophezeiung?

Insofern das Problem, die Wunde, der un-erhörte, nie-gehörte, bisher nicht angesehene Schmerz, die uneingestandene, nie ausgesprochene Scham, die besessen-sehnsüchtige Liebe zu einem anderen *dann* als unser eigenster Auftrag verstanden wäre. Als unser prophezeites *assignment*, als das *nur uns* Zugeschriebene erkannt würde.

Wir wären »erwählt«. Wären Auserwählte dafür.

So erkannt, so gesehen, so zurückgelesen, ist das Schwere, das Dunkle im Leben, das es zu tragen gilt, das Schwärende, das Sinn-Verstellende, das Blindmachende, das es zu lösen, zu heilen, zu extrahieren, zu separieren, zu reinigen und assimilieren gilt: Teil jenes Erwähltseins, Teil unseres Auftrags. Eines Auftrags, nicht mehr in Projektion unbewusst gelebt und anderen befohlen, sondern als Prophezeiung begriffen, für uns und in uns – *Deo concedente* – als Teil unseres Lebenswerks verstanden.

Jede Projektion wäre, einmal erkannt, einmal zurückgenommen und integriert: nicht als menschengemacht zu verstehen, sondern als prophetische Handschrift, die es zu lesen und zu erkennen, dann »mit allem, was wir haben«, den uns zur Verfügung stehenden Kräften, im eigenen Leben zu realisieren gilt.

Jeder Traum offenbart uns, einmal genauer untersucht, unsere Projektionen und eben damit seinen prophetischen, seinen noch einzulösenden Aspekt. Auch Joseph, Marias Verlobter, hat seine Träume nicht so gedeutet: »Den Messias muss ich beschützen, den Erlöser der Welt.« Zumindest hat er sich nicht mit dieser *message* identifiziert und sich für weiß-Gott-wen gehalten. Sondern er hat seinen Traum, der allerdings prophetisch war, gerade auch was sein eigenes Leben, seine Beziehung zu seiner Verlobten betraf, *persönlich* interpretiert. Es ging ihm darum, den Inhalt des Traums zu realisieren, ihn mit seinen Mitteln für sich und seine Familie zu inkarnieren, ihn wahr zu machen, ihn ins Leben zu tragen und so zu erfüllen.

Mit allem, was er hatte, Joseph, mit allem, was er *hat*, steht dieser Joseph, Mann der Maria, für den Archetyp des notwendigen Propheten von heute. Denn er steht für einen Menschen, der – in trennender Nähe – auf sein Unbewusstes achtet. Zwar ist das Unbewusste nicht eigentlich »sein«, nicht sein Unbewusstes, von ihm beherrscht. Und doch: ist es ihm ganz zugesellt in den Träumen, die er beachtet, den Einfällen und Ausfällen, der Wut, der Inspiration, der Intuition.

Der Prophet unserer Zeit muss zuallererst sich selbst einer sein. In solcher gefordert-geachteten Nähe zum Traum wäre das der Künstler, der Schriftsteller. Er wäre es unter anderen, die anonym arbeiten und damit vielleicht den wertvolleren Weg gehen.

An dieser Arbeit muss er sich beweisen.

Und wenn er das tut, wird die Frucht seiner Arbeit – sich weiter bewahrheitend – auf andere übergehen. Das Schwere an der Aufgabe, dem Traum im eigenen Leben gerecht zu werden, hält den Propheten von heute bescheiden, *humble*, in »Erdnähe«, bodenverhaftet wie Joseph. Und hielte auch *uns* bescheiden, das heißt: weniger in Gefahr, Projektionen zu verfallen. Wer den eigenen Balken aufhebt, hebt nicht ab.

Am gleichsam kinematisch bewegten Beispiel Samuels lässt sich nochmals, zusammenfassend, das Muster erklären, der Prozess, dem wir alle unterworfen sind, ob wir es wissen oder nicht.

Samuel schläft.

Er schläft im Tempel, in der

Nähe der Lade.

Schon das ist bezeichnendes Bild. *Diese* Nähe genügt nicht mehr. Sein naiv-zutraulicher Schlaf im Heiligtum ist nicht Aufgehobensein. Das genügt nicht mehr. Gott durchkreuzt seinen Schlaf. Denn was Samuel sieht, hört, durchmisst und im Ritus verehrt:

Es genügt nicht mehr.

Samuel erwacht aus dem Schlaf.

Wir kennen dieses Bild: dass man nämlich einen Traum hat, der beim Erwachen so wirklich noch ist, dass jegliche Trennung zwischen Wirklichkeit und Traum fehlt, wir beides noch als *eins* leben, agieren, als seien beide, Tag und Nacht, ununterscheidbar noch, ureins.

Dreimal erwacht Samuel so – und rennt zu Eli, dem Priester, dem Lehrer, dem Meister, dem zur Seite er im Tempel dient. Denn er glaubt, *der* habe gerufen.

Eli lehrt ihn dann, recht verstanden: sein Geheimnis. Es ist das Geheimnis jedes Propheten. Das Geheimnis eines jeden, der ernsthaft Gott hören will. Es ist so beschämend einfach, so *»obvious«*, dass es – wie der Stein, dem man überall auf der Straße begegnet, den daher jeder übersieht – kaum ergriffen, kaum als Mittler, um zwischen Gott und uns zu vermitteln, benutzt wird.

Elis Geheimnis besteht in dem einzigen Satz:

»Sprich, Gott, dein Knecht hört.«

»Sprich, dein Knecht hört« – diese vom zukünftigen Propheten Samuel nun wiederholten Worte sind in Sprache gefasste Erwartung, dass Gott zu ihm reden wird.

»Sprich, Gott ...«

Diese Worte kommen einer Tempelreinigung gleich. Man kann sie aussprechen ... – und wenn man so spricht, den Satz Elis, den er Samuel anvertraute, mit eigenem Mund wieder-holt:

Dann macht man sich zum Erwartenden, macht sich leer, das Kommende aufzunehmen.

Man muss das wirklich einmal – bei welchem Auftrag auch immer, bei Arbeiten, die noch anstehen, beim Erwachen am Morgen, mitten im Alltagsbrast – ausprobieren.

Man muss es wagen.

Denn dieser Satz, unsere Erwartung, dass ER uns antworten wird, ist ein Wagnis. Ein Wagnis, das bewusst eingegangen werden muss, wenn einer Samuels Beispiel folgt, »den Balken aufzuheben«.

Samuel rennt also zu Eli, weil er die Stimme – die große Stimme, die ihn ruft – unwillkürlich auf den verehrten Eli, den Gottespriester, projiziert.

Aber Eli, so könnte man's sehen, erkennt die Stimme, ohne gehört zu haben, und gibt Samuel mit jenem Satz den Schlüssel, der Stimme-die-rief, der Stimme-die-ist, der Stimme-die-rufen-wird richtig zu begegnen. Nicht in Projektion, sondern in Erfüllung ihres an Samuel gerichteten prophetischen Potentials. Ein ganzes Leben, wenn man so will, wird hier prophezeit.

Und ein Untergang.

Das Ende des Hauses Eli.

Denn das ist das Erste, was Samuel zu hören bekommt. Die Stimme Gottes prophezeit es.

Was wäre »das Ende des Hauses Eli« nun psychologisch betrachtet? Es ist das Ende der Projektion. Samuel wird die Stimme Gottes nun nicht mehr mit der Elis verwechseln, nie mehr »dort« suchen. Hier löst sich die Projektion in der Fülle der Prophezeiung auf.

Wenn wir vom biblischen Mythos einmal absehen – Samuel erhält hier ja klare Weisung, klare Prophezeiung, auch was den Untergang des Hauses Eli angeht –, wie könnte sich das notwendige Ende einer Projektion, die lange unbewusst verlief, im Alltagsleben des Einzelnen ankündigen?

Nicht selten erscheint hier im Traum das Motiv vom fallenden oder gefällten Baum. Dieses Bild kann dem Träumer das Ende einer lange unbewusst verlaufenen Projektion ankündigen, einer Projektion etwa auf den Partner in einer Liebesbeziehung oder auf den Therapeuten, die während der Analyse entstanden wäre. Man spricht dann, im Kontext einer Analyse, vom Ende einer »Übertragung«.

Zum Beispiel träumte mir 2011 – in den Tagen, bevor ich mich entschlossen hatte, nach Deutschland zurückzukehren – von einer riesigen entwurzelten Eiche, die mich an uralte Sequoyas, Riesenmammutbäume, erinnerte, wie sie in einer geheimnisvollen Szene in Hitchcocks *Vertigo* zu sehen waren. Im Traum war der Riesenbaum mit seiner ganzen Wurzel ausgerissen worden, aber ohne die Umgegend im Geringsten zu verwüsten. Er lag über Kreuz auf dem »405«-Freeway, sperrte den Verkehr in beide Richtungen, und erstreckte sich zwischen Mulholland Drive und Ventura Boulevard über drei Stadtteile hinweg: von Sherman Oaks (nach den »Eichen« des Landentwicklers Moses Sherman benannt) über Encino (das spanische Wort für »Eiche«) bis nach Tarzana, das er mit seiner Spitze berührte. Tarzana hatte Tarzans Erfinder Edgar Rice Burroughs, der dort Grund und Boden erworben hatte, den Namen gegeben.

Ich würde den Traum so deuten:

Der gefallene Baum repräsentiert hier psychische Libido, das hieße: psychische Energie, die über lange Zeit hin auf »pflanzlichem Niveau«, also in einer Tiefenschicht des Unbewussten gewachsen war, ungesehen vom Ich, nie objektiv wahrgenommen. Dieses unbewusste Energie-Reservoir also war nun »mit der Wurzel« extrahiert und lag mir, dem bewussten Ich, erstmals als Objekt vor Augen. Nicht zu übersehen, unumgänglich. Das hieße, dieses psychische Potential aus unbewusst gelebten Amerika- und Film-Phantasien, die bis in meine Kindheit zurückreichten (die Dschungelbaumgabel, auf der »Tarzan« sich von Abenteuern ausruhte, nur um von neuen zu träumen, lag im Hardtwald hinterm Karlsruher Schloss), könnte nun zum ersten Mal mit Bewusstsein durchdrungen, könnte zerteilt, abgetragen, differenziert werden – und damit künftigen Lebensaufgaben zugutekommen. In meinem Fall, wusste ich, wäre das unter anderem die Arbeit, die mich mit dem Umzug nach Deutschland, mit dem neuen Buch *Sunrise*, mit der nächsten Lebensphase erwartete.

Mein »Haus Eli«, die bewunderten Hollywood-Phantasien, waren gefallen. Erkannt werden sollte damit die Quelle, zu der ich mich wenden, auf die ich warten sollte. Die war nicht »Eli«.

Eben das bedeutet die Rücknahme einer Projektion – sie weist auf eine neue Lebensphase und prophezeit damit die »Materie« anstehender Arbeit, das »Bauholz« (lateinisch *materia*) der eigenen Zukunft. In meinem Traum ist es das zu gewinnende, zu verarbeitende Holz des im Unbewussten gewachsenen Baums. Was verarbeitet wird, aufgeteilt, differenziert und vom Bewusstsein assimiliert wird: ist Schatten-Materie. In diesem unbewussten Schatten – in unserem Schatten, dem Schatten eines jeden –, liegt höchster Wert. Das alchemistische Bild spricht von »Gold«, das geistliche Bild, das Jesus in seinem Gleichnis benutzt, nennt es: »Schatz im Acker«. Er deutet ihn als »Himmelreich Gottes«, das in uns gefunden, einzig gefördert, von uns inkarniert und durch uns bewusst werden soll.

Dass das Muster eines solchen psychischen Prozesses, insofern wir ständig projizieren und unser gelebtes Leben unzählige Projektionen enthält, gerade uns gilt, uns geradezu trägt, würde bedeuten, dass »Samuel« heute auf den Einzelnen gekommen ist.

Dem Einzelnen gilt der »Ruf«.

Und sich selbst, nicht anderen, sollte er die Prophezeiung zunächst entschlüsseln. Prophetie – verstanden als Stimme Gottes, als einzulösender Auftrag an unser individuelles Leben – wäre in Fülle vorhanden. Sie wartet auf uns in jeder Projektion. Als Aufgabe, als Erwartung, als Stimme des immer noch Unerhörten.

***

Wyatt gab das Manuskript weiter an Ava, die es erst mal beiseitelegte.

»Eine Pause, bitte«, meinte sie. »Ist ja nicht so leicht zu verdauen, was du da vorgelesen hast.«

Wir standen auf. Natürlich sprachen alle von Projektionen. Ava, die Vera um einen Martini bat, meinte, dieses Denken und Suchen nach Projektionen sei doch furchtbar.

»Muss man wirklich so denken? Gerade, wenn du dich in jemanden verliebt hast? Das macht doch alles kaputt!«

»Du hast ganz Recht«, sagte ich. »Man spricht auch erst von einer Projektion, wenn in der Beziehung Probleme auftauchen. Auf einmal bemerkst du etwas an ihm, das dich stört. Irgendwann stört es dich nicht nur, du findest es ›unmöglich‹. Du hattest es zuvor überhaupt nicht bemerkt. Nein, er *hatte* ›das‹ gar nicht. Er scheint dir ›völlig verändert‹. Natürlich ist er immer noch derselbe. Nur gibt's jetzt ein Problem: der andere entspricht nicht mehr jener Projektion, die du auf ihn hattest. Es war *deine* Projektion, er hatte nur etwas, das dir Gelegenheit gab, sie an ihm zu vertäuen. Er ist nicht so, wie du ihn gesehen hattest. Erst dann sollte man wirklich von einer Projektion reden, erst, wenn's Konflikte gibt.«

»Dann wäre's zu spät.«

»Eben nicht. Die Frage ist dann, ob du sie zurücknehmen kannst, deine Projektion. Ob dann immer noch etwas bleibt. Ob du – ›ernüchtert‹ – trotzdem mit ihm leben willst.«

»Nein, ich finde das furchtbar. Da nimmst du einem ja alle Illusionen!«

»Eben.«

»Das endet dann damit, dass man zum anderen sagt: ›Ich liebe dich. Nur, was hat das bitte mit *dir* zu tun?‹«

Vera lachte.

»So ist es.«

»Klar, man kann immer zu weit gehen.«

»Aber es geht in die Richtung.«

»Letztlich ist es die Tina-Turner-Frage«, meinte Vera.

»Tina Turner … hat Fragen?« fragte Wyatt.

»*What's love got to do with it*«.

»Aber Tina bezeichnet Liebe ja als ›*second hand emotion*‹. Abwertend. Die gibt vor, dass sie den Wert nicht sieht. Die Liebe – dass du dich in jemanden verliebst – wurde ja nicht von dir oder von Tina ›gemacht‹. Sie kam aus dem Unbewussten, einem Mysterium letztlich. Und ist also nicht einfach zurückzuweisen oder von vornherein abzuwerten. Das wäre ein großer Fehler.«

»Gut, aber die Tina, von der wir reden, spricht nun wirklich aus Erfahrung.«

»Ich möchte John sehen, wenn ich ihn anblicke: *I love you, John. But what's it got to do with you?* Nein, schrecklich. Danke.« Ava lachte und nahm den Martini, den Vera ihr brachte. »*It's a wonderful life! Die* Projektion lass ich mir nicht nehmen.«

»Auf Dianne!« Vera stieß mit ihr an.

»Mir fällt da eine kleine Geschichte ein«, meinte Wyatt, »die mir damals ziemlich überraschend zeigte, was eine Projektion ist. Du kennst die Story ja bereits«, sagte Wyatt zu mir, »du hattest mich zu den *Golden Globes* mitgenommen.«

»Ich kenne sie doch auch schon«, meinte Vera.

»Dann erzählt er's eben nur mir!« sagte Ava und nippte an ihrem Glas.

»Sie hat einen vielversprechenden Titel«, kündigte Wyatt an:

MICHELLE PFEIFFER IN LOVE

»Es ist noch gar nicht so lange her«, sagte Wyatt, »da wurde ich Zeuge, wie Michelle Pfeiffer sich in mich verliebt. Es war im *Trader Vic's*. Die Bar gibt's heute nicht mehr. Sie lag damals wie angeschmiegt ans Beverly Hilton. Im Hilton hatten gerade die *Golden-Globes*-Festlichkeiten stattgefunden. Ich weiß nicht mal mehr, ob Michelle Pfeiffer damals einen der Preise erhielt. Jedenfalls war die Show schon vorüber, und manche der Preisträger hatten sich auf fotografengesäumten Wegen in der Bar eingefunden, vergnügten sich dort noch mit Freunden.

Michelle Pfeiffer saß am Tisch gegenüber. Mit einem Mal sah sie her, lächelte mich an. Sie hielt ihren Blick, wurde mir bewusst, als erwarte sie meine Reaktion.

Sie saß, wie gesagt, gegenüber. Keine zehn Kaminstreichholzlängen entfernt. Und ich kann dir sagen, ›es knisterte‹.

Da, plötzlich, wendet sie sich ab.

Aber nur kurz, sehe ich, um mit einer anderen Schauspielerin
zu flüstern. Dann sah sie wieder her.

Zu mir.

Die andere Schauspielerin war Kate Capshaw, Spielbergs Frau –
die er aus *Indiana Jones and the Temple of Doom* gerettet hatte.

Auf einmal sahen beide her.

Aber ich – das wusste Michelle hoffentlich, sie muss es gefühlt
haben –, ich hatte natürlich nur Augen für sie.

Und Michelle – nur Augen für mich.

Ich dachte: Was kann das sein? Was ist los heute Abend mit
mir? Es muss mein Smoking sein, der Smoking, den ich mir für
$59,95 bei *Gary's Tux* in Studio City gemietet hatte und den ich
übers *Golden-Globes*-Wochenende behalten durfte.

Wenn Michelle Pfeiffer weiter so herblickt, dachte ich, könnte
er morgen noch mal zum Einsatz kommen. Und sie … –

Immer wieder sah sie her und lächelte.

Ich … – lächelte zurück. Es war schamlos. Sie hat mich schamlos fixiert. Wie einen der *Fabulous Baker Boys*.

Michelle Pfeifer war in mich verschossen. Und wenn sie jetzt
langsam, provozierend … den Tisch bestiegen hätte – ihren oder
unseren, egal –, wenn sie sich in ihrem geschlitzten roten Kleid
hingeräkelt und *Makin' Whoopee* gesungen hätte wie auf dem
Klavierflügel der *Baker Boys* im Film, ich hätte mich überhaupt
nicht gewundert.

Ich versuchte mir – ohne von ihren Augen zu lassen – das Un-
erklärliche zu erklären, wollte, ja, wollte cool bleiben, dachte: Klar,
Michelle hat alles erreicht, in Hollywood hat sie alles erreicht.
Heute Nacht verabschiedet sie sich und wird mir jetzt beim Übersetzen aus dem Deutschen helfen, sie spricht es ja hervorragend –
und wollte schon immer ein zurückgezogenes Leben führen.

Dann … kam Steven Spielberg dazu. Das war natürlich das Aus, das Ende, das sah ich sofort. Klar, der hatte den besseren Smoking. Michelle wandte auch sofort ihren Blick ab. Als hätte ich nie existiert, als kennte sie mich nicht, als hätte ihr Blick mich nie auch nur gestreift. Sie wandte sich ganz Spielberg zu. Und Spielberg setzte sich neben sie. Sie tuschelten hin und her. Es war furchtbar.

Da fiel Michelles Blick wieder auf mich, und … Wieder dieses wunderbare Lächeln, mit dem sie mich festhielt. Ich sah es in ihren Augen: Sie wollte sich für den Moment Untreue entschuldigen.

Ich verstand.

Und wie gebannt sahen wir einander wieder in die Augen.

Einen Moment lang verschwand unser Lächeln. Und wir wussten: Jetzt wird es ernst. Jetzt ist es ernst mit uns geworden. Schicksal. Über das wir nur wieder lächeln konnten. Ja, so schnell kann es gehen, so schnell kann es ernst werden. Auch ich werde, beschloss ich in diesem Moment, mein Leben ändern müssen. Wie sie. So hingerissen waren wir voneinander.

Wäre ich nur einen Martini – nein, es waren Gimlets gewesen, die wir tranken –, wäre ich nur einen Gimlet weiter gewesen, ich wäre jetzt aufgestanden, hätte die Lunte gezündet, die 10 Kaminstreichholzlängen zum Glück … Wenn nicht zu ihrem Blick auf mich, ihren verliebten Augen, sich die Spielbergs hinzugesellt hätten. Auch er sah her zu mir. Auch er hatte ein Lächeln auf den Lippen!

Es war peinlich. Peinlich und erschreckend, was ich in beider Blick las: Verliebtheit, fast Gier jetzt.

Michelles Gier überwog zwar, ja sicherlich. Aber der Doppelblick beider hatte mich so getroffen, so erschreckt, dass ich mein Gimlet-Glas umstieß … Und mit nassem Schoß aufstehen musste.

Noch während die kühlklebrige Mixtur – *Rose's Sweetened Lime Juice* und Gin – mir die Schenkel runtertroff, trat ich beschämt zur Seite.

Erst da. Erst jetzt bemerkte ich, dass hinter mir in der Ecke der Sitzbucht, knapp über meinem Kopf, ein Fernsehmonitor an der Wand angebracht war. Auf dem lief ein Playback der *Golden-Globes*-Verleihung.

Die lächelnd verliebte Michelle Pfeiffer – ich sah mich nass nochmals nach ihr um – hatte also die ganze Zeit nur Michelle Pfeiffer und ihre trophäenbeschenkten Kollegen im Blick gehabt.«

Wenig später, sie hatte nochmals mit John telefoniert, kam Ava besorgt auf die Terrasse zurück. John habe sie beruhigen wollen, alles sei soweit OK. Und gerade das habe sie irgendwie beunruhigt.

»Etwas in seiner Stimme«, meinte sie.

»Nein, du bist aufgeregt, weil du jetzt den deutschen Text lesen sollst.«

»Das könnte es allerdings sein. Ist die Reihe wirklich an mir?« fragte Ava.

»Du hast Lampenfieber. Aber du sollst ja hier keine *performanc*e abliefern. Wir hören deiner wunderbaren Stimme einfach gern zu. Im Übrigen musst du es ja nicht lesen. Wenn du lieber zuhören willst … – «

»Nein, nein, lass mich nur. Gib mir einen Moment.«

Sie konzentrierte sich ein paar Augenblicke lang.

Und begann.

ABRAHAMS ERBARMEN

Hört Gott im Lachen der Menschen nur Unglauben? Er hat das Lachen der hochbetagten Sara noch im Ohr, dasselbe Lachen, an das der Name ihres gerade verheißenen Sohns »Jizchak« erinnern wird, da bahnt sich das Grauen schon an.

Vielleicht klingt in unserem Ohr auch jener Moment nach, als Sara ihr Lachen dem HERRN gegenüber leugnet und es heißt »Denn sie fürchtete sich«. Dieser unheimlich-rätselhafte Ton schlägt die Brücke zu:

Abrahams Fürbitte für Sodom.

Es ist eine Geschichte, in der es, wie wir wissen, für »den Ort« kein Erbarmen gibt, Sodom und Gomorra werden vernichtet. Lot und seine Familie sind zuvor aus der Stadt geführt worden, das ist wahr, vielleicht sogar »gerecht«, entspricht aber nicht dem ungeheuren Ziel der Fürsprache Abrahams: Verschonung aller, der Frevler wie der Bewährten, der Gerechten wie der Gottlosen, Verschonung der Stadt, die ebensogut für die Welt stehen könnte.

Immer wieder, ich erinnere mich vergangener Lektüren, ging ich mit Abraham die Stufen Bitte um Bitte hinab.

Zu Gott spricht Abraham:

»Willst du denn den Gerechten mit dem Gottlosen umbringen? Es könnten vielleicht 50 Gerechte in der Stadt sein; wolltest du die umbringen und dem Ort nicht vergeben, um 50 Gerechter willen, die darin wären? Das sei ferne von dir, dass du das tust und tötest den Gerechten mit dem Gottlosen, so dass der

Gerechte wäre gleich wie der Gottlose! Das sei ferne von dir! Sollte der Richter aller Welt nicht gerecht richten?«

Der HERR sprach:

»Finde ich 50 Gerechte zu Sodom in der Stadt, so will ich um ihretwillen dem ganzen Ort vergeben.«

Auch die folgenden Stufen kennt man:

Abraham verhandelt mit Gott. Wie ein Verhandlungsführer bei Geiselnahmen. Nach den 50, geht er auf

45 hinab

mindert die Zahl nochmals um 5 auf

40, geht tiefer noch: auf

30, mutig auf

20, auf

10 ...

Oft habe ich mich, in der Sekunde davor, beim Hoffen ertappt, diesmal, bei *diesem* Lesen, ginge es anders aus. Plötzlich stünde, nach den angesprochenen 10, die Forderung nach dem *einen* im Raum. Und Gott, der jeder Forderung Abrahams doch immer wieder zugestimmt hatte, als verlange Ihn mehr nach Erbarmen als nach Zerstörung, würde auch diesmal antworten:

»Ich will Sodom nicht verderben um des einen willen.«

Es ist dieses Hoffen wider besseres Wissen – wir wissen ja, wie die Geschichte ausgeht –, dieses Hoffen, das sich zwischen die Zeilen schleicht, als würde bei beherztem Weiterlesen-wider-das-Wissen das Noch-nie-Gewusste eintreten, das Un-Erhörte sich Wirklichkeit verschaffen, die Katastrophe noch abgewendet:

»Und Abraham sprach: Ach, zürne nicht, Herr, dass ich ein letztes Mal mich unterwinde, mit Dir zu reden. Man könnte vielleicht nur *einen* darin finden. Er aber sprach: Ich will sie nicht verderben um des einen willen.«

Dieser Vers fehlt uns sehr.

Das Hoffen-wider-Wissen, vor ein paar Tagen tauchte es nochmals auf. Nicht beim Lesen, sondern beim Sehen. Nicht Abraham war es, der sprach für die Welt. Nur einer, der wie zufällig seinen mythischen Namen trug und der Welt, wie zufällig, etwas zeigte:

Jedes Mal hoffe ich, dass Präsident Kennedy, dessen Limousine Abraham Zapruder Sekunden vor dem Attentat am 22. November 1963 bei der Wende auf Elm Street zu filmen begann ...

dass Kennedy, dessen offener Wagen sich uns nähert ...

in letzter Sekunde

doch noch unbeschadet passiert.

So hofft man wider Wissen. Als müsste es diesen Film doch geben. Als könnte er sich beim Zusehen, bei rechtem Zusehen *ereignen*. Als hätten die Bilder sich nie in Zapruders Kamera gestaut – »Zapruder« ist Jiddisch für »gestauter Teich, Wehr«. Als flössen sie ruhig weiter, die Wagen der Wagenkolonne Kennedys, als hätte sich der Schuss nach unten, der Wechselsprung, nie ereignet.

Es sind nur 486 Einzelbilder, die in 26 Sekunden, etwas 22 davon ist er zu sehen, wie oft schon an mir vorübergezogen sind. Und doch ertappe ich mich manchmal dabei, dass ich um jede verstreichende Sekunde, um halbe, um Viertelsekunden hadere, im Innern um die Zahl der noch kommenden, noch anstehenden Einzelbilder verhandle – verhandle *mit wem?* –, höre, während sich Kennedys Wagen der Filmkamera nähert, das kaum hörbare:

Noch nicht ...

Noch nicht ...

Noch nicht ...

Noch nicht ...

das nur Erbarmen will, es beschwört, denn

Noch

ist er am Leben ...

Hier grüßt er noch ...

hebt noch die Hand ...

höre das rastlose Eleison-Geflirre, das wimmelt hinter den Bildern, nur um die folgenden, die nie gesehenen Bilder *jetzt* zu gebären, JETZT, da Hoffnung sich

aufbäumt –
leben, er wird leben!
Und sofort einknickt
zer-
birst.

Wie kann ich die eine Sequenz – die der Fürbitten Abrahams
für Sodom –, die uns in mythisch hinabreichende Jahrtausende
versetzt, mit der anderen vergleichen, die keine sechs Jahrzehnte
zurückliegt? Das menschliche Gefühl verfährt so. Die Seele – ist
die Sequenz einmal ernst genommen – zählt mit, egal welcher
Zeit die Bilder angehören.

Jetzt
gehören sie ihr.

Sie zählt und hält ihren zeitlosen Atem an, haucht ihn den
nie gesehenen Bildern ein, die zwischen den Zeilen ins Leben
gelangen. So erbarmt sich etwas in der Seele – erbarmt sich unser
und der bis dahin ungesehenen Bilder –, das vom Verstand nicht
ignoriert oder als bloße Phantasie abgetan werden darf.

Nochmals zum Anfang zurück. Was macht Abrahams Erbarmen, was macht die Ungeheuerlichkeit seiner Fürsprache für
Sodom aus? Er will doch lediglich, dass der Gerechte nicht mit
dem Ungerechten umkomme. Könnte man meinen. Abraham
spricht aber nicht zu Gott: »Also sondere aus die Gerechten,
führe sie aus der Stadt und vernichte den Rest!« Er unterscheidet
zwischen Gerechten und Gottlosen einzig mit dem Ziel, für die
ganze Stadt *un-unterschiedenes* Überleben zu erlangen. Es ist,
als wüsste Abraham um die heilige Unschärfe der Gerechtigkeit
Gottes und nützte sie hier als Mittel, auch den Gottlosen das
Überleben zu sichern.

Nicht nur kündigt sein Handeln hier wesentlich die jüdisch-
legendär erhoffte Szene am Ende aller Zeiten an, von der noch
die Rede sein wird. Abraham scheint mir in seinem Erbarmen

auch »göttlich« – wie Jesus, der vom Vater im Himmel spricht: »Denn er lässt seine Sonne aufgehen über die Bösen und über die Guten und lässt regnen über Gerechte und Ungerechte.« Mit derselben göttlichen Unschärfe. Ist es doch, als habe Gott hier, in Urzeiten, *den* schon gefunden, den er später vergeblich herbeisehnt, wenn er spricht:

»Ich suchte unter ihnen, ob jemand eine Mauer ziehen und in die Bresche vor mir treten würde für das Land, damit ich's nicht vernichten müsste; aber ich fand keinen.«

Gut, da ist der eine.

Abraham.

Er steht »in der Bresche« vor Gott. So »göttlich« darin, dass die *New Jerusalem Bible* die Stelle »Aber Abraham blieb stehen vor dem HERRN« gemäß anderer Lesart sogar umkehrt und übersetzt: *Yahweh remained in Abraham's presence*, Jahwe verblieb in Abrahams Gegenwart.

Und Abraham redet, er verhandelt mit Gott, Zahl um Menschenzahl. So beredt, wie er später unberedt war, still blieb – still *gemacht?* – und kein Wort sprach, als es um den einzig verheißenen Sohn, um Isaaks Leben ging. Wie wäre das zu erklären? Und nochmals: Warum blieb Abraham stehen bei 10 – warum scheute er sich vor dem letzten Schritt?

Ich habe es mir einmal so erklärt: Die »10« wird im Hebräischen mit dem Buchstaben Jod bezeichnet, dem kleinsten Buchstaben, der »die Hand« – Hand Gottes – symbolisiert. Abraham kann es belassen bei »10«, die in Sodom gefunden werden müssten, weil sie bereits »vorhanden« sind, »eingezeichnet in die Hand Gottes«, aus der sie einst kamen, von ihr geformt: »Deine Hände haben mich gebildet und bereitet.« Abraham endet mit »10«, als sage er damit:

»Zehn, die *von dir* kamen, aus dir – sie haben sich nicht selbst geschaffen. Sie kamen, wie der Rest der Stadt, wie wir alle, aus deiner Hand.«

All das strenge ich an, nur um wieder, heimlich, beim *Einen* anzukommen, bei jener ungeschriebenen Erwägung Abrahams: »Man könnte vielleicht nur *einen* finden in Sodom«, anzukommen beim Einen, nach dem Abraham nicht fragt, den er aber eigentlich meint. Mit der »10« meint er »1«, den Einen-der-rettet.

Was wird hier impliziert? Vielleicht das Größte, was im Menschen liegt. Ein Wert, dem Opfertod Jesu vergleichbar.

Denn in Abraham, der um Erbarmen redet mit Gott, liegt der sonst verborgene Schatz offenbar: das Wissen, dass eines Einzigen Tod den Tod aller, das ist: die Sünde aller aufhebt. Weil der *Eine* aber lebt, leben alle, die mit ihm starben. Das heißt: es kommt auf den Einen an. Heute würden wir sagen: auf das Individuum, das sich erbarmt, sich vor Gott »in die Bresche« stellt und mit Ihm zu reden beginnt. Um Sein Erbarmen.

Es ist im Übrigen bemerkenswert, dass das hebräische *racham*, im Deutschen meist mit »Erbarmen« übersetzt, das etymologische Kernbild mit dem deutschen Wort teilt. Beide Wörter bezeichnen eigentlich den Schoß, die Gebärmutter. So dass einer, der sich eines erbarmt, ihn gleichsam im Schoße behütet, »in the womb«, wie ein englischer Kommentar weiß, »as cherishing the fetus«: »gleichsam die Leibesfrucht nährend«.

Abraham, der um Erbarmen bittet für alle Menschen, die in Sodom leben, ruft dieses Bild auf – des Schutzgewährers »Schoß« –, er stellt es handelnd in den Raum, dass es von Gott, seinem Verhandlungspartner, wahrgenommen und Ihn an das erinnern würde, woran auch die »10«, Jod, jene »Hand«, schon gemahnte: den Ursprung, aus dem alle, über die hier verhandelt wird, kamen.

Und doch erbarmt sich Gott nicht.

Das, genau das, ist zu fürchten. Bereits im »Denn sie fürchtete sich« Saras klang es an. *Timor dei*. Gottesfurcht darf nicht einfach weggeredet, umgangen, in ihrem dunklen Aspekt verdrängt werden. Ebenso wenig das »*Führe uns nicht in Versuchung*«. Hölderlins hymnische Zeile aus *Patmos*:

Wo aber Gefahr ist, wächst
Das Rettende auch.

müsste heute eher warnen:

Wo aber das Rettende ist, wächst
Auch Gefahr.

Es sind die Midraschim, auch die Legenden, die sich mancher Geschichte erbarmen, sie aufwiegen, sie ergänzen, uns Neues, gar Unerhörtes, über ein altes Faszinosum berichten. Denn sofern der Mythos noch lebt, lebendig ist, so lebendig wie »lebendiges Wort Gottes«, zeugt er, wächst er zum Ganzen. So fand sich auch folgende Legende, die vom Ende des Gesprächs zwischen Abraham und Gott anders berichtet. Vielleicht auch den Grund liefert für Abrahams späteres Schweigen um Isaak. Denn hier heißt es doch tatsächlich:

Auf *einen* hatten sie sich geeinigt, der HERR und Abraham. Kaum aber wollte Abraham wiederkehren an seinen Ort, wurde ihm schwarz vor Augen.

Denn noch in der Kehre fiel ihm ein:

Was, wenn die Engel Gottes *keinen* dort finden? Keinen Gerechten in Sodom. Denn wer ist gerecht? Und wer, wäre er denn gerecht, wäre gerecht vor IHM?

Da verschloss es die Augen dem Abraham, war es Nacht um ihn. Denn der Erblindete wusste:

Vor IHM ist niemand gerecht, nicht einer.

Und hin fiel er, blindgeschlagen darüber, dass er Sodom so gut wie ins Feuer befohlen hatte mit seiner Wette, es gäbe den einen Gerechten, um dessentwillen Gott werde verschonen. Bei sich aber sprach Abraham:

»Sodom hat Er heute tausendfach Tod verheißen, mir dagegen tausendfach Nachkommenschaft. Hätte Er mir's verheißen, wenn ich dort unten lebte, bei Lot?«

Da entstand der Funke eines Gedankens. Eines Gedankens, der aber nicht weiter sehen konnte, weil nichts zu sehen war.

So jammerte Abraham blind.

Zeit war vergangen, da fand ihn ein Mann, als er tastend umherkroch auf dem Felde. Und Abraham hörte die Stimme des vorüberziehenden Fremden:

»Wen suchst du?«

Der Mann bot an, den Blinden aufzurichten, ihn zurückzuführen an seinen Ort. Abraham aber wusste vor blinder Verzweiflung die Richtung nicht mehr. Da sprach der Fremde:

»Ich kenne dich, alter Mann. Weiß auch, wohin du willst.« Und er richtete ihn auf und führte ihn bei der Hand.

Als aber die Hand einmal losließ, kehrte Abrahams Augenlicht zurück: Es war mondbeschienene Nacht, und er fand sich in Sodom wieder.

Und erschrak.

Welcher böse Geist hatte ihn hierher geführt?

An den Ort kommender Auslöschung.

Durch das Tor nahenden Untergangs.

Hinter die Mauern dieser todgeweihten Stadt.

Und Abraham fürchtete sich vor dem Fremden.

Und in Furcht kam's ihm, der Fremde lauere hinter ihm noch, zischende Schlange im Gras.

Rasch wandte er sich um. Da stand er vor dem leeren Haus Lots, der sich geflüchtet hatte.

Da. Noch lag auf der Schwelle der Docht einer flüchtig zerbrochenen Lampe.

Vorsichtig hob er ihn aus den Scherben.

Blies ihn an.

Bis er glimmte.

Da sah Abraham seinen heimlichen Wunsch erfüllt. Denn er dachte still:

Hat nicht der HERR mir tausendfach Nachkommenschaft verheißen? Wie kann er sie denn fordern von mir – selbst den Einen fordern von mir, den Sara gebären soll um diese Zeit übers Jahr –, wenn er mich hier mit den andern zernichtet? Um den Einen, auch wenn ich in Seinen Augen nicht mehr gerecht sein sollte, um den Einen muss er nun alle verschonen.

So wurde Sodom gerettet.

Jenes Sodom nämlich blieb unzerstört bis heute.

Weil Abraham darin lebt, weil er ausharrt darin, und mit ihm ein Teil der Verheißung.

Wie alles letztlich von Einem abhängt, auch einem Menschen vielleicht, wohl weil er letztlich um seinen Wert als Individuum weiß, noch im Angesicht Gottes, das bekräftigt eine jüdische Legende, die vom Tag des Großen Gerichts handelt – und dem letzten Erbarmen.

Da heißt es, dass Gott, am Ende aller Zeiten, mit den Gerechten im Paradies an einem Festmahltisch sitzen wird. Am Kopf des Tischs thront Gott und wird zum Abschluss des Mahls den Weinkelch, über den der Segen gesprochen werden soll, an Abraham reichen mit den Worten:

»Sprich den Segen über den Wein, Du Vater aller in der Welt, die treuen Glaubens sind.«

Abraham wird antworten: »Ich bin es nicht wert, den Segen zu sprechen, denn ich bin auch der Vater der Ismailiten, die Gottes Zorn entzündeten.«

Da wird Gott sich wenden zu Isaak: »Sprich den Segen, denn gebunden zum Opfer lagst du auf meinem Altar.«

»Ich bin nicht würdig«, wird er antworten, »haben doch die Kinder Esaus, meines Sohns, zerstört dein Heiliges Haus, den Tempel meines Schreckens.«

Gott wird sich neigen zu Jakob: »Sprich den Segen, du, dessen Kinder hervorbrachten das Gesamt der Zwölf Stämme.«

Jakob aber wird antworten: »Unwürdig bin auch ich, denn ich war vermählt mit zwei Schwestern, was die Thora späterhin strengstens verbot.«

Da wird Gott den Blick richten auf Mose: »Sprich den Segen, denn du warst es, der empfing das Gesetz meines Bundes und hast seine Gebote erfüllt.«

Und Mose wird antworten: »Nicht würdig bin ich. Denn nicht würdig war ich, dein Gelobtes Land zu betreten.«

Gott also wird zeigen auf Josua: »Sprich den Segen, der du führtest mein Volk in das Land, das ich der Braut einst verhieß.«

Josua wird antworten: »Wie wäre ich würdig – ohne Sohn, der mir nachgefolgt wäre?«

Da wird Gott einhalten.

Und sein Einhalten, wie Dunkelheit wird es sich breiten über den Tisch. Wie Finsternisse hin über die Tiefen des Tischs. Wie lichtlose Wüste und nachtschwarze Leere, die alles zu verschlingen droht.

Da. Wie eine kleine Wolke, die aufgehen wird aus dem Meere, wie eines Mannes Hand, die hält den glimmenden Docht, wird sich hören lassen aus der Tiefe des Tischs: ein Rascheln, wie Räuspern im Dunkeln.

Wie das Räuspern des Kinds, das sich am Tisch der Großen vergessen weiß.

Da reicht Gott den Kelch hin durchs Dunkel, hinabhin zum jungen David, und ruft dem Knaben durch die Finsternis zu:

»Singe du, David, wie einst dem finsteren Saul. Singe den Segen über den Wein, denn dein Gesang lichtet und segnet.«

Und David wird antworten: »Ja, singen werde ich den Segen, denn würdig bin ich der Ehre.«

Und David wird singen den Psalm, der neues Licht werden lässt aus dem Dunkel. Und die Finsternisse, sie weichen.

Da werden laut ausrufen die Gerechten im Paradies, und werden einstimmen die Sünder in der Hölle:

»Amen!«

Und Gott wird weisen die Engel, die Wunden der Sünder zu salben und zu heilen ihren durchbohrten Leib.

Rufen wird Gott:

»Richtet auf die hingekrümmte Gestalt der Sünde! Waschet sie rein von Angst!«

Und Gott selbst wird sie salben mit Öl. Und er wird niederknien vor den Verlorenen, um Brücke zu sein über den Abgrund. Da wird Gott heraufführen alle Verdammten aus ihrer Hölle ins Paradies.

***

In der Pause – alle lobten Ava, sie habe sehr gut gelesen, ohne Eile, dass man den Bildern nicht nachhetzen musste – sagte Wyatt:

»Mich hat die letzte Szene, die vom Mahl am Ende der Zeit, an etwas erinnert. In deiner Legende fragt Gott jeden am Tisch – von Abraham angefangen bis David – : ›Bist du es?‹ Nämlich: ›Bist du es, der den Segen sprechen wird über den Wein?‹ Das klingt an eine Szene im Evangelium an. Beim letzten Abendmahl. Da fragt jeder der Jünger am Tisch – von Petrus bis Judas – : ›Herr, bin ich es?‹ Nämlich: ›Bin ich es, der dich, Jesus, verraten wird?‹ Jene Segenssprechung Davids und Judas' Verrat ereignen sich also nach demselben Muster.«

»Und das hieße?«

»Ich weiß es nicht. Aber beide Male geht es doch um die Erlösung aller.«

»Um den einen.

»Ja.«

»Sagst du, beide wüssten um ihren letztlichen Wert? David wie Judas?«

»Ja. Sie wären die Gegensätze.«

»Sie arbeiten beide in verschiedene Richtungen …«

»Am selben.«

Kurz darauf, wir hatten uns wieder gesetzt, hieß es:

»Wer ist an der Reihe?«

»Bist du es?« Mit einem Grinsen reichte mir Ava das Manuskript und lehnte sich im Liegestuhl zurück.

»Noch eine Frage hätte ich«, sagte Vera. »Vielleicht banal, aber … Woher kommt das Räuspern am Ende des Tischs?«

»Vom jungen David«, sagte Wyatt und räusperte sich – als sei die Frage Veras wirklich banal.

»Nein«, sagte Vera ärgerlich. »Ich meinte, wie fällt dir so etwas ein? So ein Detail. Alles wird dunkel …, dann dieses Räuspern.«

»In diesem Fall kann ich's dir genau sagen. Ich hab es aus einem meiner Lieblingsfilme von John Ford dahin versetzt. *How Green was my Valley*. Alle Söhne haben sich vom Tisch erhoben, haben Vater und Haus verlassen. Der Vater bleibt am Kopfende des Tischs zurück.

Allein.

Sekunden so.

Nur der Regen von draußen.

Da lässt sich ein Räuspern hören, ein Rascheln.

Vom fernen Ende des Tisches her.

Dort sitzt noch … Huw.

Sein Jüngster

(die »Seele«).

Ohne aufzuschauen, sagt schließlich der Vater:

Yes, my son. I know you are there.«

SIMSONS QUELL

Wir wollen bewusst mit einigen Thesen über die neuesten großartigen Übersetzungen biblischer Texte hinaussehen, die Übersetzungen der letzten Jahrzehnte miteingeschlossen.

Ich frage mich: Wo bleibt bei all der akribischen Arbeit eigentlich der Geist der heiligen Texte, der Geist der Evangelien, der Geist der Bibel? Die Texte sind übersetzt – auch der Geist ihrer Inhalte?

Dieser Geist entflieht uns doch immer mehr.

Dabei sind wir wahrscheinlich der heimlichen Ansicht: Wenn wir's nur »richtiger« übersetzen, gerechter – ob näher am Original oder näher unserer Alltagssprache –, dann wird er sich schon einstellen, der Geist. Wir versuchen, ihn mehr oder weniger bewusst mit einer neuen Sprache zu fassen, aber kommen ihm damit nicht fühlbar näher.

Es ist heute nicht so sehr die Frage der Übersetzung der Sprache der heiligen Texte, die primär notwendig sich stellt, sondern die Frage nach der Übersetzbarkeit ihres Geistes. Die Frage also: Wie können wir die Inhalte der heiligen Bilder *für uns* neu übersetzen – in »lebendiges Wort«, in sinnzeugende Bilder?

Einen Schritt dahin gehen die neuen Übersetzungen, einen Riesenschritt, aber nur bis zur Insel in der Mitte des Flusses. Noch ist nicht ganz übersetzt, noch hat man nicht übergesetzt ans neue Ufer, zum gefährlich vergessenen Ziel.

Vielleicht ist die Ära der Notwendigkeit der philologischen Übersetzung vorüber. Dringlicher wäre es künftig, auf der

Basis solch großer Übersetzungsleistungen eine Übersetzung der Inhalte mit anderen Mitteln – durch andere Mittler – zu suchen.

Ziel wäre es, die heiligen Bilder und Inhalte im Individuum wieder anzufachen, sie lebendig zu erfahren. Das kann keine Übersetzung im herkömmlichen Sinne. Ziel ist das Herz des Lesers, der den heiligen Text erhören, das Licht seines Sinns – nicht allein rational, auch sinnlich, über den Körper, durchaus empirisch – aufnehmen könnte und so in der Dunkelkammer der Seele, geduldig ihn sichtend, entwickeln könnte, was aus bloßer Stabenschicht gedruckter Seiten zu ihm heraufwachsen will, ihm offenbart zu werden.

»Lebendig machen«, was hieße das?

Ich will ein Beispiel geben, das in Bubers *Erzählungen der Chassidim* auf uns wartet.

Erzählt wird, wenn ich mich recht erinnere, von einem scharfsinnigen Rabbi Bär, der einst den Baalschem aufsuchte, einen Mann, berühmt seiner Weisheit wegen. Die selbst in Augenschein zu nehmen, ihr nachzudenken, sie fleißigst selbst zu prüfen, reiste er hin.

Die dürftigen Geschichten allerdings, kunstlos erzählt, die Rabbi Bär am Tisch des Weisen zu hören bekam, erschienen ihm so befremdlich simpel, dass er am dritten Tage den Diener einpacken hieß.

Gegen Mitternacht aber, als sie unterm Licht eines wolkenbefreiten Monds die Straße betraten, ereilt den Rabbi die Nachricht, der Baalschem bitte ihn zu sich.

Kaum betritt Rabbi Bär die Kammer, fragt ihn der Weise, ob er den *Baum des Lebens* kenne, und reicht ihm das kabbalistische Buch.

»Ich kenne es«, spricht Rabbi Bär.

»Schlag auf und lies«, sagt der Baalschem und deutet auf eine Stelle. »Besinne dich.«

Und der Rabbi besann sich. Und jetzt bedenkt er die Stelle, die sprach vom Wesen der Engel.

»Nun deute!«

Und jetzt deutet Rabbi Bär sie – bis in den Kern ihrer Naben und das Gefüge der verzweigten Speichen und die Felgen der Räder ihrer Bedeutungen hinein.

»Du hast kein Wissen«, sagt der Baalschem zum Rabbi. »Steh auf!«

Als beide sich gegenüberstehen, nimmt der Baalschem ihm das Buch aus den Händen.

Und selbst liest der Baalschem sie nun, liest nochmals die sinngedeutete, besonnen bedachte, mit den Lippen gelesen-verlautete Stelle.

Da, kaum hebt der Baalschem zu lesen an, sieht Rabbi Bär – und ihm schien, als langsamte augenblicklang das Fließen der Zeit –, sieht Rabbi Bär den Funken der ersten Silbe,

Zündsilbe,

vom Munde des Weisen sich lösen, sieht sie im Funkensprung übersetzen, erdwärts im Fall – und die Stube vor seinen Augen im Feuer vergehen.

Noch erkennt er die Engel im Brausen der Flammen, erkennt ihr Meer als das Meer der Ungeborenen Gottes, die harren, Menschen zu werden, harren, gelesen zu werden, da … –

… ohnmächtig bricht er zu Boden.

Als der Rabbi zu sich kam, sah er die Stube unberührt, wie zuvor.

Da sprach der Baalschem zum Rabbi:

»Du hattest die Stelle richtig gedeutet. Aber du hast kein Wissen. Denn dein Wissen hat keine Seele.«

So half der Baalschem dem Rabbi vom Boden – und nie mehr verließ der zum Schüler Gewordene seinen Meister.

Manche aber behaupten, es sei nicht der Baalschem, sondern dessen Frau gewesen, die Rabbi Bär damals vom Boden zog. Auf das Wort »Seele« sei sie in die Kammer getreten und habe dem Gefallenen aufgeholfen. Dessen Hand aber, am Tischrand sich aufstützend, als er schon stand, sei schreckhaft zurückgefahren, als sie am Holz eine Stelle berührte,

die glüht.

Wir wollen das Wissen, wie Rabbi Bär. Aber wir kommen zunächst immer zu rational daher, ohne Seele. Unser Wille, das ich-mächtige Wollen, das im Wissen etwas besitzen und damit den Herrn spielen will, kommt so daher. Der sich da Herr wähnt, sieht das Gefühl nicht, hört nicht die Seele, die sich, ungeachtet und unerhört, ihrerseits vor ihm verschließt.

Der Wille versteht nicht, dass ihm das Ziel nicht gehört. Wer wirklich etwas vom Geheimnis dessen ahnt, was heute leichthin Kreativität genannt wird – als gehörte sie uns, wäre unser eigen –, der weiß wie Betsalel, der Architekt des Tabernakels in Moses Buch Exodus, dass er, wie Betsalels Name andeutet (*tsel* ist Hebräisch für »Schatten«), nur »Schatten-Übersetzer« ist und Abbilder fertigen soll, die anderswo – im Numinosum, in Gott, im Unendlichen – ihren Ursprung haben. Denn »Im Schatten Gottes« – das heißt »Betsalel« – *ist* er: Schatten Gottes. Und alles, was er kreiert, erschafft er aus diesem Schatten Gottes, der er ist. Wenn er recht dient, genau hinhört auf das, was ihm zukommt, auf ihn zukommt nicht nur bei Tag, auch im Traum, dann entstehen Gefäße. Vielleicht – ein Vielleicht, auf das hin er sein Leben wagt, wagen müsste –, vielleicht Gefäße für das, was »unter uns zelten«, sich inkarnieren und wirklich werden will.

Dafür nochmals ein Beispiel – denn der Wille kommt so unschuldig daher, dass er meist unbewusst bleibt, alles mit seiner Unschuld verschluckt.

Zwölf Jahre ist es her, da fragte ich eine Freundin, ob sie mir einen Seminarvortrag, den sie vor einem kleinen Kreis in der Schweiz halten sollte, auf Tonband aufzeichnen und nach Los

Angeles schicken könnte. Ich würde ja gerne dabei sein, sagte ich, aber mir fehlten – ganz ehrlich – Zeit und Mittel für den Flug. In ihrem Vortrag, wusste ich, würde es um »das höchste Gut« gehen: die zentralen religiösen Bilder einer längst vergangenen Kultur.

Meine Bitte wurde abgelehnt.

Nein, die Vorträge dort würden nicht aufgezeichnet, und das sei recht so. Ich verstand sie überhaupt nicht.

»Was soll das? So ein Unfug, Geheimniskrämerei!«

Aber sie wollte nicht einlenken. Sie fürchtete, eine Aufzeichnung könnte den Geist des Vortrags und der Zusammenkunft ihrer Zuhörer stören. Ich versuchte es sogar mit indirekter Schmeichelei: »Überlege doch mal, was für ein Verlust es gewesen wäre, wenn jene Seminarteilnehmer, die C. G. Jungs Vortragsreihen mitstenographierten, so gedacht hätten. Wir hätten heute und künftig kein Zeugnis davon.«

Was wollte ich also – und wohin?

Ich wollte ans Feuer jenes Wissens, jener Bilder. Das aber möglichst bequem; wollte das Erlebnis, aber *on my terms*, zu meinen Bedingungen, wollte nicht nur einmalige, sondern wiederholbare Erfahrung. Ich wollte das *audio tape* des Vortrags über ein Heiliges, das heißt aber: eine »Übersetzung« nahe am »Original«. Die während des Vortrags gezeigten Bilder würde ich mir aus anderen Quellen besorgen und wäre damit so nah als möglich am »lebendigen Wort« – ohne anwesend zu sein.

Man sieht, was ich hier – der Ratio nach vielleicht unfairerweise, aber gefühlsgerecht – vergleiche: die akustisch aufgezeichnete Lesung (ohne »Bilder«, aber auch ohne »Anwesenheitszwang«) mit einer philologischen Übersetzung, die starke »kommunikative Einschläge« aufweist (diesem Aspekt entsprächen der verständnisfördernde Tonfall des Gesagten, Zwischenfragen, anschließende Diskussion der Zusammengekommenen über die Inhalte des Vortrags).

Zwei Nächte nach der abgelehnten Bitte kam der Traum, den ich gekürzt wiedergebe:

Ich folge einem Priester oder Rabbi in dunkler Kleidung. Wir halten an einer hohen Mauer, die er mit seinem Buch berührt. Auch ich berühre – es ihm nachzutun – die Wand mit einem Buch, das ich in der Hand trage. Durch einen Eingang unweit der Mauerstelle betreten wir ein Tempelgrundstück, gehen drei, vier Stufen einer breiten Freitreppe hinauf, auf ein größeres Gebäude zu. Ich folge dem Geistlichen nach innen. Im Traum weiß ich: Er ist ein weiser Mann. In einem der Räume – seinem Zimmer? – sehe ich, wie er ein riesiges Buch mit beiden Händen einer Schatulle entnimmt, es

in die Höhe hebt,

über Kopf und Schultern,

das mächtige Buch mir zu zeigen.

Ich trete heran, da senkt er es auf eine hüfthohe Ablage, hinter die er sich stellt. Jetzt löst er die Schleifen der Klappen und schlägt das Buch mittig vor meinen Augen auf.

Im Traum wusste ich, dass jenes kleine Buch in meiner Hand – ein Taschenbuch, das nur Prosa enthielt – auf denselben Titel lautete, den auch das große trug.

»Aber was ist das für eine Ausgabe?« fragte ich, als ich auf die riesige Doppelseite blickte.

Bis an den Rand war sie voll farbiger Bilder von ungeheuerster Schärfe. Alles auf diesen Seiten – Personen, Tiere, Landschaften, Objekte – war einerseits, ein jedes für sich, in schwarze Umrisslinien gefasst, andererseits beliebig tief in schärfstem Detail zu ergründen. Als sei es dafür geschaffen, überzog ein feines quadratisches Raster die Doppelseite, so dass ich – mit der Fingerspitze eines der Quadrate berührend – je nach Druck bestimmen konnte, wie tief ich sehen wollte, wie tief hinab in Präzision:

beliebig tief, schien mir,

unendlich tief vielleicht.

Ich wusste – wie man's in Träumen weiß –, dass das gesamte Buch nur aus Bildern bestand. Und dachte noch im Traum: Wie eine *graphic novel*, die ohne Worte auskäme.

Da schaue ich auf und frage den Priester:

»Wo bekommt man so ein Buch?«

»So ein Buch«, antwortet er, »gibt es nicht.«

Erzähler und Traum sind die notwendigen »anderen *Mittler*«, von denen ich zuvor sprach, Übersetzer heiliger *Inhalte*, die es im Alltag des Willens nicht gibt oder nicht geben darf, die in der psychischen Realität aber offenbar werden können.

Ich sprach aber auch von »anderen *Mitteln*«, anderen Zugängen, die notwendig sein könnten und quasi jedermann zur Verfügung stehen, der sich den Inhalten der heiligen archetypischen Bilder nähern will.

Im »Stimmenbrunnen« – einem Abschnitt meines Buchs *Die amerikanische Fahrt* – erläutere ich die enorme assimilierende Wirkung, die durch längeres lautes Lesen der Texte erst erzielt wird. Wichtig dabei ist nicht nur die Erfahrung lauten Lesens – die erschütternd sein kann. Ebenso wichtig ist es, die eigenen subjektiven Eindrücke, die dabei entstehen, empirisch zu dokumentieren. Notate, unmittelbar nach oder während der Erfahrung, sollen festhalten, was mit uns während des Lesens geschieht.

Diese völlig *subjektiven* Eindrücke, Gefühle, Erinnerungsscherben, die sich während der Lesung des Textes (etwa des Johannesevangeliums oder des Buchs Samuel) einstellen, werden gesammelt, sind gefragt. Also werden genau *die* Daten mit-»gelesen«, die der Intellektuelle sonst verwirft, im professionellen Leben verachten gelernt hat. *Sie* sind das Notwendige, das uns hilft »*to personalize the archetype*«, das hieße: hilft, das heilige Urbild uns anzuverwandeln, es wirklich – rückhaltlos – *jetzt in uns* zuzulassen.

In uns zuzulassen, auf dass wir – unter Achtung unserer Scherben, Fragmente, Gefühle, die vom heilig-archetypischen Bild angezogen wurden – uns an ihm in eins fügen. Das hieße, das heilige Bild aus *uns* wieder zusammenzusetzen, dabei an ihm erneuert zu werden.

Denn mit diesen Daten – psychologisch gesprochen sind es Schatteninhalte – kann sich die Ratio auseinandersetzen und an die Erfahrung, das Erlebnis längeren lauten Lesens, angeschlossen werden. Hier wird das *sacrificium intellectus* – so empfindet vielleicht mancher die erste Phase, während der solche Notate zugelassen werden müssen – wieder wettgemacht: denn jetzt ist die subjektive Erfahrung weitmöglichst objektiviert und auch von der Ratio her betrachtbar.

Wer sich um dieses Anschließen der Ratio nicht bemüht, dem bleibt das Erlebnis am Ende nur *picture show*, irgendein *trip*. Er verliert den Sinn der Erfahrung ans andere Extrem: Es findet keine dauerhafte Bewusstwerdung statt – sie sinkt zurück ins Unbewusste.

Wir stehen dann, im Bilde gesprochen, immer noch auf der Insel mitten im Fluss, warten vergeblich beim »Baum des Lebens«. Weil das, was kam, keine Spur hinterließ, uns nicht lesbar wurde durch uns. Und sprechen wie Becketts Wartende

»*Well, shall we go?*«

»*Yes, let's go.*«

Ohne den nächsten Schritt zu wagen.

Zu einem weiteren Mittel, den Inhalt eines heiligen Textes zu assimilieren, führte mich vor kurzem eine Einladung der Mannheimer »Christuskirche«. Ziel ihres Projekts war: eine von Gemeindemitgliedern eigenhändig geschriebene Bibel zusammenzustellen.

Jedem wurde ein Kapitel zugeteilt, das er in seiner Handschrift abzuschreiben hatte.

Eine wunderbare Idee, wunderbar einfach.

Mit »assimilieren« meine ich – um es hier der Deutlichkeit halber zu wiederholen – die Anverwandlung des Textes, mit dem Ziel, ihn in unserem individuellen Jetzt zu vertäuen. Auf dass er real würde und wir in den Stand versetzt, mit seiner Verwirklichung, seiner Lebendigmachung – wie unscheinbar, wie unbeholfen, wie unfertig auch immer – zu beginnen.

Welches Kapitel mir zufiel, erfuhr ich erst vor einigen Wochen, Monate nach meiner Zusage, die Erfahrung ist also relativ frisch.

Man übergab mir die Materialien: das Bibelexemplar, von dem ich abzuschreiben hatte, den Stift, mit dem das geschehen sollte, und in einer Mappe aus festem Karton: die gedruckten Instruktionen für alle, daneben die beängstigend großen leeren Seiten samt der halbbeschriebenen Seite meines Vorgängers, an die »mein Kapitel« anschließen sollte.

Gleich fiel mir dessen scheinbar problemlos-natürlich geführte Handschrift auf, die einfach Wort an Wort in gehörigem Abstand klar lesbar nebeneinander setzte. Und weckte Neid in mir. Was mich hätte beruhigen können – »So geht's also auch!« –, beunruhigte mich eher. Denn: Kann ich das so? So klar lesbar schreiben? Soll ich das so? Muss ich das so?

Flüchtige Gedanken dieser Art, kaum festzuhalten, kreuzten sich pausenlos.

Ich stieß sie weg und las mir das Kapitel erst einmal durch – und dann noch einmal, und noch einmal. Schier »unglaublich« schien, dass mir ausgerechnet *Kapitel 18* der »Offenbarung des Johannes« zugefallen war. Eine Synchronizität, dachte ich, vor allem in Anbetracht rezenter Träume.

Die Überschrift des 18. Kapitels lautete:

DER FALL VON BABYLON

Ich lasse die persönlichen Assoziationen aus, die sich beim Abschreiben der Bilder einstellten – genug, dass sie kamen, bemerkt und wenigstens im Nachhinein notiert und weiter bedacht werden konnten. Vielleicht sind sie zu persönlich – *noch* zu persönlich. Andererseits sind sie, sehe ich, in den Bildern der *Amerikanischen Fahrt* bereits vorhanden, besprochen sogar; jedenfalls sehe ich sie dort angekündigt.

Aber die allgemeiner gehaltenen Notate will ich hier nennen. Neben Babylon, der babylonischen Gefangenschaft, die immer einhergeht mit Bildern des zerstörten Tempels – in Träumen von heute sind es Bilder von Kirchenruinen oder Kirchenbränden, die unsere Gefangenschaft im säkularisierten Leben, unser Verlorensein an materielle Werte symbolisieren –, neben Babylon als dem »Exil« also, Exil der Seele, notierte ich das Bild von der »Hure Babylon«, das in der Vorstellung von »Hollywood-Babylon« noch heute weiterlebt, von Hollywood als dem »Sündenpfuhl«, für den man die »Traumfabrik« seit den Skandalen der zwanziger Jahre des letzten Jahrhunderts hielt.

Und schließlich D. W. Griffiths Babylon, dem er mit *The Fall of Babylon* einen der vier Bilderströme widmet, die er in seinem Stummfilmepos *Intolerance* zusammenfließen lässt.

Die andere Gruppe der Notate beschreibt, so sehe ich's, das Aufeinandertreffen zweier Sphären, die sich sonst wenig zu sagen haben – was nur heißt, wir hören im religiösen Kontext nicht hin, geben uns zu wenig Gelegenheit, *das* zu hören. Es scheint uns zu unwesentlich, zu gering, zu dürftig und ungenau, was unser eigener Körper – Bruder Esel, wie der Heilige Franziskus ihn nannte – zu sagen hat. Die eine Sphäre beschreibt den Geist, eher: den Intellekt und ratiogenährten Willen, die andere das Gefühl und den Körper.

Die Notiz zum Vorgang der Niederschrift des Kapitels liest sich im Tagebuch so:

Das 18. Kapitel der Offenbarung kopiert. Überschrift: »Der Fall von Babylon«. Erste Zeilen:

Und danach sah ich einen anderen Engel niederfahren vom Himmel, der hatte große Macht, und die ganze Erde ward erleuchtet von seinem Glanz. Und er schrie mit großer Stimme und sprach: Sie ist gefallen, sie ist gefallen, Babylon, die große.

Wie auf Glatteis unterwegs mit dem Stift, der mitgeliefert wurde. Um dagegenzuhalten, viel zu verkrampft mit den Fingern beim Schreiben. Fühle mich wie ein *learner* auf Rollschuhen, die unter mir ausgleiten, dass ich falle … –

»Sie ist gefallen«.

Bin erinnert ans Fallen der gigantischen Traum-Eiche.

Quer über den Freeway hin, bis nach Tarzana war sie gefallen. Jener Traum von der Entwurzelung des Riesenbaums kam damals kurz vor dem Aufbruch aus Hollywood-Babylon, dem Sumpf (La Cienega!) aus Kinder-Phantasien und Bilderbesessenheit, Vernarrtheit in die Idole,

die Götzen Schönheit,

Schönheit und Trefflichkeit einer Bildkomposition,

einer Kamerafahrt von Surtees oder Freund,

einer Geste im Nordlicht von Garmes,

der Schattentiefe des Golfs von Cortez,

der von Pferden durchrittenen, lichtwassergischtenden Furten von Ford,

dem wirbelnd am Abgrund sich umwendenden Antlitz von Welles,

der *Hall of Mirrors* der Hayworth, die kugeldurchschmettert in tausend und eins Scherbenmärchen zerbricht, scherbig gebrochen ihr letztes Wort spricht: *Give my love to the sunrise.*

Wie war ich dorthin gekommen, im wohligen Sumpf so gerne versackt?

Der Tempel im Eigenen, das Bild Gottes, seit der Kindheit lag es zerstört.

Daher Gefangenschaft, Babylon, Bildergefangenschaft, der ich mich gern übergab.

Der man sich anvertraute. Der man vertraute. Die uns vertraut war.

Und jetzt?

Noch in der Erinnerung an die Bilder, bau ich schreibend am Buch, schreibe es ab, kopiere die Schrift. Ich zerschneide, zersäge, zerteile den riesigen Baum.

Bis in die Äste, die Zweige hinein, bis ich die
Staben habe, die
gekerbten, geschnitzten, beritzten, die
Buchstaben für das neue, das da gebaut wird.

Die Buchstaben zu neuem Sinn. Sinn aus den Zeichen, mit denen mir der Gefällte den Weg wies.

Denn er wies mir den Weg, indem er den alten Weg sperrte.

Wir aber üben den Bau. Noch im Kopieren wird er geübt, üben den Bau eines Heiligen Buchs, eines
Tempels, dem
neuen Gefäß für Gott.
Believe me, Tausende schreiben daran.
Überall auf der Welt.
Jahrhunderte lang werden sie schreiben, bis er
erscheint. —
Herrlich: Kaum hebt man ab wie ein Adler, hebt ab im Flug mit den heiligen Staben, sieht die Sicht gedehnt bis zum Geht-nicht-mehr, hört das Echo hallen im Garten der Räume tausendjahrweit, da

bringt mich die Unzulänglichkeit der eigenen Handschrift,

der eigenen Person, auf den Boden der Wirklichkeit
zurück.

All das dumme Abschreiben der Schrift, es wiegt
schwer. Aber treibt doch federleicht Gedankenschlieren
heran, die sich um meine Stiftspitze winden, bis sie den
flow des Schreibens hindern, bedenklich machen, erst gar
nicht aufkommen lassen. Aber zugleich auch große Aufmerksamkeit, Bewusstheit (zu viel?). Und am Schluss:
eine *physische* Erinnerung an die Bilder, die bleibt. Auch
weil die Haltung am Tisch – ungewohnt vornübergebeugt auf ungewohnt großen Papierbögen in ungewohnt
einzuhaltenden Zeilen zu schreiben – mir den Rücken
verbog.

Noch Stunden darauf, nach dem Spaziergang im
Regen:

diese Anstrengung im Rücken,

dieses Verbogenwordensein,

»um ja alles richtig zu machen«,

diese gebeugte Acht, unter der ich eine Zeitlang gewesen war, inmitten der Bilder und Anordnungen meines
18. Kapitels.

Eine ganze Parallelbibel ergäbe sich, würden die Kopisten beim
Abschreiben der Kapitel ihre Gedanken verzeichnen. Unzulänglichkeit, Unsicherheit: endlich wagen sie sich an den Tag, bauen
überm verspannten Bogen hin spürbar am Sinn. Sie gehören zur
Brücke, sind wesentlich.

Vielleicht ist es ein unverhofftes Geschenk der Computer-
schrift, unseres Tastaturschreibens heute, dass die Handschrift
vernachlässigt, oft schon so-gut-wie obsolet wird. Gerade durch
ihr Besiegtworden-, ihr Vergessenworden-, Überholtwordensein

taugt sie wieder als Projektionsmedium ihres numinosen Aspekts. In unserer resultierenden Unsicherheit, unbestimmten Angst unseres Ungenügens, glüht heiß etwas auf vom Urbild jener schicksalsbestimmenden »Schrift an der Wand« Babylons, die unsere Deutung verlangt.

Etwas an diesem Ereignis des Abschreibens der Schrift, dieses Baus eines Kapitels in Handschrift, des dabei entstandenen Stroms der Gedanken, erinnert mich an das Wunder, das eine Legende von Simson erzählt:

Der drohte einst zu verdursten. Da quoll ein Quell Wasser aus seinem Munde hervor.

VIERTER TAG

Am Morgen machte ich mir wieder Notizen zum Nachgespräch der Lesung.

Vera und Ava waren zum Geländer der Terrasse gelaufen und sahen zwei größeren Jachten zu, die mit Feiernden an Bord spät noch einliefen. Von der Reling schossen sie Feuerwerk in den Nachthimmel, die Verrückten. Während die Silhouette der Santa Monica Mountains im Hintergrund von Feuern beleuchtet wurde.

Ich war nach innen gegangen, mir Wasser zu holen. Wyatt kam hinter mir her, holte Nachschub aus dem Kühlschrank, goss mir ein.

»Du bist ungerecht«, meinte er. »Deiner eigenen Liebe zum Kino gegenüber. Ich meine jetzt die Passage über den Fall von ›Hollywood-Babylon‹, wo du das alles als ›Sumpf‹ abtust. Als seist du damit in der Kindheit steckengeblieben.«

»Wahrscheinlich hast du recht«, sagte ich. »Ich war ungerecht. Ich will ja nicht diese Filme verdammen. Das wäre idiotisch. Andererseits war es keine Laune, in der ich das niederschrieb. Was ich kritisch sehen sollte, finde ich, ist meine *Einstellung* zu diesen Filmen. Ich meine, die ausschließlich ästhetische Sicht. Die ist der ›Sumpf‹, wäre der Weg in den Sumpf, La Cienega Boulevard sozusagen, gefährliches Terrain, in dem man leicht und gerne versinkt.«

»Aber du verbrennst sie ja geradezu, deine Filme, um deinen ›Tempel‹ zu bauen. So empfand ich's jedenfalls«, sagte Wyatt. »Da liegt doch die Gefahr!«

»Es ist ja nicht mein Tempel. Du nimmst das zu konkret. Ich sprach von einem neuen Symbol, das im Entstehen ist. Nein, du hast Recht. Auch da ist Gefahr, große Gefahr. Aber ›verbrennen‹? Hab ich das wirklich so gesagt? Auch da hättest du vielleicht

Recht. Es geht in gewissem Sinne um ein ›Verbrennen‹ – das Verwandeln meiner naiven Kinobilder-Zeit. Nämlich, um die Bilder *dahinter* zu sehen. Die *archetypischen* Bilder. Und ihnen – die bis dahin doch ungesehen waren – Aufmerksamkeit zu geben. Es geht um eine Verbindlichkeit, eine Verantwortlichkeit diesen *inneren* Bildern gegenüber. Und dabei darf ich nicht an den alten, den äußeren hängen bleiben, in ihrem Ästhetischen verzaubert weiterschlummern – wie im Märchenwald einer Kindheit, aus dem ich mich nicht zu befreien weiß.«

»Und wie kommst du frei?«

»Du brauchst den *homo totus*, den *ganzen Menschen*. Dein ganzer Einsatz ist gefordert.«

»Also brauchst du auch den, der die Filme liebt. Der darf nicht fehlen!«

»Richtig. Er darf nicht fehlen. Nur soll er nicht mehr führen. Nicht mehr in der alten Ausschließlichkeit. Er muss dienen – sonst findet keine Entwicklung statt. Sonst geht's nicht weiter, sonst leb ich als ob.«

»Ich versteh's doch nicht ganz. Gib mir ein konkretes Beispiel. Nichts von dir. Ein Beispiel an anderen.«

»Du hattest mir doch heute Nachmittag, bevor wir mit dem Lesen begannen, deinen ›kuriosen‹ Traum erzählt. Von einem Wagner-Theatersaal. Wenn ich dich richtig verstand, hatte die eigentliche Vorführung noch nicht stattgefunden. *Noch* nicht. Denn eine ältere Dame, die du vage kanntest, hatte im Traum alles gesperrt. Die hielt irgendwie alles auf, du kamst nicht weiter.«

»Irgendwie hing alles von ihr ab. Und sie ließ mich nicht weiterkommen«, sagte Wyatt.

»Wovon wir gerade sprachen.«

»Inwiefern jetzt?«

»Entwicklung wird verhindert. Zum Beispiel – bei mir, ich spreche nur von mir –, wenn ich mein ästhetisches Urteil nicht unterordne.«

»Aber das ist ja bei mir nicht unbedingt der Fall.«

»Sag ich auch nicht. Aber auch bei dir spricht der Traum von einem Nichtweiterkommen. Von einem Hindernis. Du kommst nicht durch. Wie der ›Mann vom Lande‹ vor Kafkas Tor. Er kommt irgendwie nicht durch. Jemand, der Türhüter, oder etwas – er selbst vielleicht – hindert ihn daran.«

»Das Problem in meinem Traum war ja«, sagte Wyatt, »dass diese komische Dame, die irgendwie das Sagen hatte, von mir wollte, dass ich jeden Platz im Parkett besetze. Ich sollte für alle Karten kaufen und jeden Platz dann mit Leuten besetzen. Was soll das? Sonst käme ich nicht durch, sonst fände die Aufführung nicht statt, soviel war mir klar.«

»So hattest du mir's erzählt. Und was sollte aufgeführt werden?«

Wyatt lachte. »*Götterdämmerung* – diese Wagner-Oper. Dabei bin ich ja eigentlich überhaupt kein Wagner-Fan, sorry, aber …«

»Aber *die* sollte stattfinden. Diese ›Götterdämmerung‹. Fand allerdings noch nicht statt, weil du der ›unverschämten‹ Anweisung der Dame, den Saal zu füllen, bisher nicht nachgekommen bist. Den Saal zu füllen mit Tickets, die *du* zu kaufen, und Hintern, die *du* auf die Plätze zu setzen hättest.«

»Die spinnt doch, dachte ich im Traum. Habe das anderen auch gesagt: Unglaublich, was erwartet die Frau von mir! Was sind denn das für verrückte Forderungen!«

»Und dann bist du doch nach draußen gerannt, aus dem Saal. Und hast zufällig draußen einen guten Bekannten getroffen …«

»Ja, vor dem Theater. David. Den Typ gibt's wirklich.«

»Und was fällt dir zu David ein?«

»Na ja, der *liebt* Wagner. Was für ein Zufall, dachte ich, ich war ganz dankbar. Dem hab ich sofort zwei Tickets geschenkt.«

»Du hast einen Anfang gemacht. Du hast dich angestrengt, Du hast nicht einfach ärgerlich vor der Dame und ihrer Forderung, den Saal zu füllen, kapituliert.«

»Ja, aber das reicht ja längst nicht, zwei Karten, wenn ich die Order ernst nähme!«

»Das ist nicht entscheidend. Du hast einen Anfang gemacht – und deine Einstellung geändert. Das legt dein Traum nahe. So solltest du's machen. Einen Anfang machen. Vom kindischen Trotz, erwachsen-überlegener Entrüstung – à la ›Das ist doch nicht realistisch, dass ich allein fürs ganze Parkett verantwortlich sein und alle Plätze besetzen soll!‹ – bist du losgekommen und hast das schier Unmögliche begonnen.«

»Ja, wenn du's *so* siehst …«

»Du sollst ihr, dieser Dame, nämlich gehorchen. Sie personifiziert deine harsche Seele, deine Anima. Harsch ist sie vor allem, weil du dich auch ihr, deiner Seele gegenüber, bisher harsch und unflexibel gezeigt hast. Weil du dich ihr widersetzt, sperrt sie dich, lässt dich nicht weiter. Aber um weiterzukommen, brauchst du ›das volle Haus‹, das sie von dir fordert. Deine ganze Seelenkraft also. Der ganze Mensch, die Gesamtheit deiner Psyche, muss jetzt mitmachen. Alle müssen ›auf die Plätze‹. Und das Ich – also du, im alltäglichen Leben – bist dafür verantwortlich. Niemand sonst. Das Ich muss bewusst dafür sorgen, dass ›die Leute‹, die anderen Aspekte deiner Psyche, sich einfinden. Alle müssen präsent sein. Du musst begreifen, dass – wofür auch immer, denn ich kenne deine aktuelle Situation so genau ja nicht –, dass jetzt ganzer Einsatz von dir gefordert ist. Die Psyche fordert ihn. Sonst kommst du nicht weiter. Da ist es nämlich wieder: ›das Parkett, das vom Ich voll besetzt werden muss‹ ist, das Bild vom ›homo totus‹, vom Menschen, der nicht halbherzig, nicht *half assed*, nicht unentschieden weiterkommen wird.«

»Und wozu? Zu welchem Zweck weiterkommen?«

»Na, um die ›Götterdämmerung‹ zu erleben. Das ist es doch, was ansteht, was offensichtlich gezeigt werden, was *alle-in-dir* sehen sollen. Es dürfen eben nicht nur einzelne, ausgesuchte Aspekte deiner Psyche – etwa einzig der Intellekt – Zeuge werden davon, von dieser ›Götterdämmerung‹ – was immer das in deinem Fall wäre. Sondern alle, du als ganzer Mensch sollst es sehen. Die Götterdämmerung ist das Bild für eine grundsätzliche Wandlung des herrschenden Bewusstseins. Es ist ein archetypisches Motiv. Nichts aus dem persönlichen Unbewussten, und insofern geht der Traum vielleicht auch über deine Person hinaus. Er wäre von kollektiv-menschheitlicher Bedeutung, nicht allein auf dich bezogen. Etwas stünde da vielleicht *auch* allgemein an. Der ›alte Pharao‹, der alte Gott, wird fallen, Götterdämmerung – denn da wartet irgendein ›auserwähltes Volk‹. Irgendwo im Dunkeln, bisher unterdrückt, hat es gewartet und soll nun zu Bewusstsein kommen. Soll dir bewusst werden – und damit gleichsam den Exodus aus seiner Gefangenschaft antreten. Was immer das konkret bei dir wäre – ich weiß es nicht –, aber ich würde sagen: da steht dir eine große Umwälzung, große Veränderung bevor. Uns allen. Mithin eine Zeit großen Konflikts. Da hilft es, vom archetypischen Bild zu wissen, diesem archetypischen Muster: etwa des Exodus. Dann verlierst du die Orientierung nicht. Denn genau die wandelt sich jetzt. In dir. Du bist ja nicht nur das Neue, das kommen und werden soll, du bist auch das Alte, bist auch die alten Götter und immer noch herrschenden Vorstellungen von der Welt, die abtreten sollen. Du bist beides.«

»Und was soll ich nun tun? Was soll ich mit so einem Traum praktisch tun?«

»Wie das letzte Bild des Traums es ja zeigt: Du sollst jetzt erst mal dafür sorgen, dass alle kommen, alle Platz nehmen. Dass du ›ganz und gar‹ aufmerksam bist, hieße das. Für das, was sich abspielt, abspielen wird und dir – dir als ganzem Menschen – gezeigt werden, bewusst werden soll.«

Vera kam dazu, Ava im Gefolge.

»Wo bleibt ihr? Bitte setzt euch …«

»Könnte ich noch einen Cappuccino …?«

»Kommt sofort, Mylady«, sagte Wyatt, halb zu mir gewandt. »Ihr Wunsch ist mir Befehl.«

»Bist du an der Reihe?«

»Ich bin an der Reihe und lese den letzten Teil des Quartetts«, sagte Vera. »*Your presence is kindly requested* …«

Wir kehrten zurück auf unsere Plätze.

DIE VERWAISTEN

Heute sind vier eingeladen. Ins Geviert meines Schreibtischs sollen sie treten. An dem ich sitze, an dem ich schreibe. Ich bin Schriftsteller und schreibe:

»Vier stünden fürs Ganze. Symbolisch. Für das Ganze.«

Wie die vier Himmelsrichtungen das Ganze der Welt bezeichnen, vier Jahreszeiten das ganze Jahr, vier Evangelisten die ganze Botschaft, vier Mondphasen den ganzen Zyklus seiner wechselnden Lichtgestalten.

Vier sind eingeladen. Aber ich beginne mit Zweien – denn die kamen als erste.

Kommen immer zuerst.

Sind der Anfang.

Der Anfang der Arbeit.

Die beiden notwendigen Gegensatz-Phasen, deren Zyklus durchlaufen wird. Damit sich das Ganze entzünde.

Ich nenne sie: Arbeit und Muße.

Wenn ich von der Arbeit beim Schreiben spreche, rede ich von Erfahrungen, die von der Dynamik dieses Gegensatzpaars erzählen.

Denn ich sehe in Arbeit und Muße zwei einander abwechselnde Einstellungsphasen meines Bewusstseins zum Unbewussten. Gerade in ihrer Gegensätzlichkeit zeitigen sie letztlich ausgleichend-ergänzende Wirkung.

Wie wäre das zu verstehen?

Schon in dieser Frage ist die Dynamik vorgezeichnet.

Sie wartet nämlich auf Antwort, die Muße.

Sagen wir: sie wartet ruhig, wartet ab. Mal sehen, was kommt. Ob überhaupt etwas kommt. Man hat ja nur gefragt. Wenn nichts kommt, ist's auch recht. Dann hat man wenigstens gefragt. Seine Schuldigkeit getan. *Ball's in your court*, kann man dann sagen. Du bist dran. Du bist gefragt. Also?

Das ist die Muße, sage ich. Die liegt da. Hat gefragt. Hat gefordert vielleicht.

Und die Antwort? Geht an die Arbeit.

»Ach, geht sie das?« fragt die Muße. »Geht sie das wirklich?«, sagt sie in dämmerndem Ton.

Ich formuliere mal etwas konkreter – zielgerichteter. Jetzt muss sie mitdenken, die Muße, auch sie ist gefordert. Jetzt muss sie mitgehen.

Beide gehen jetzt mit. Es bedarf beider. Ich bin beides. Bin dieses Gegensatzpaar.

Als Schriftsteller gehe ich in der Arbeit willentlich-bewusst auf ein Unbewusstes zu, eine *terra incognita*, das leere Blatt. Meist nicht ohne mein Ziel.

In der Muße aber kehrt sich der Vorgang um: Ich lasse kommen, lasse es zu, das Unbewusste kommt zu mir. Meist nicht ohne *sein* Ziel.

Denn nur scheinbar ziellos stellen sich seine Bilder ein: Phantasien oder Gefühle, tingiert mit Hoffnung und Angst, mit Liebe und Abscheu vermischt. Werden also Instinkte wach, die ich nicht eigentlich gerufen habe. Sie kamen aus dem Unbewussten, »tauchten auf«, weil ich frei war, Muße hatte: die Ungerufenen kommen ließ.

Dieses dynamische, systolisch-diastolische Muster stellt sich unwillkürlich ein und lässt sich, in Spuren wenigstens, bis in kleinere Satzeinheiten hinein nachverfolgen.

Zum Beispiel war der gerade formulierte Satz »Sie kamen aus dem Unbewussten« eine Aussage, die ich noch »zielstrebig«

verfolgte, weil ich erarbeiten, verfestigen wollte, was rational zu sagen blieb. Der Zusatz aber, das »tauchten auf«, erschien beim Einhalten erst. Kurz bevor ich den nächsten Satz mit neuem Ziel beginnen wollte.

»Tauchten auf« stellte sich also ein – wie ungerufene Antwort.

Als solle ich »das Bild vom Wasser« – ein Symbol für das Unbewusste – wieder *wirklich* nehmen. Als solle ich die Metapher vom Wasser zum Wörtlichen hin stärken. Auf dass sein Ziel – das Ziel des Unbewussten – spielerisch augenfällig würde.

»Tauchten auf« – wie ein Fischmaul, augenblicklang, an der Oberfläche der Wasser des Unbewussten.

Wer zieht ihn ans Land, diesen Fisch?

Und ist es ein Spiel? Denn das Unbewusste scheint zu spielen mit uns.

Wer hat wen an der Angel?

Kaum ist die Frage gestellt, fällt etwas Dunkelheit über die Szene. Es könnte jetzt ernst werden.

Jemand – oder Etwas – hat angebissen.

Der »Fisch«, der an Land oder ins Boot gezogen werden soll, wäre der unbewusste Inhalt. Aus dem Unbewussten.

Wir kennen das Bild.

»Tobias und der Fisch«.

Hemingways *Der alte Mann und das Meer*.

Oder die Benchley-Spielberg Crew der drei – Roy Scheider, Richard Dreyfuss, Peter Shaw –, als sie in *Jaws* aufs Vierte stößt – den weißen Hai. Psychologisch betrachtet: auf das Unbewusste in seinem verschlingenden Aspekt.

Nur klingt das zu harmlos, zu sachlich.

»You're gonna need a bigger boat!« sagt Scheider in *Jaws* entsetzt. Weil er zum ersten Mal erkannt hat, womit sie's zu tun haben.

Es gibt Inhalte im Unbewussten, die einfach zu groß sind, zu mächtig für das kleine Boot, das uns zur Verfügung steht und in das wir sie ziehen wollen. Wir haben uns übernommen, überschätzt. Das kleine Boot – unser Bewusstseinsgefäß – kann diesen Rieseninhalt nicht aufnehmen. Es wird, beim Versuch, es dennoch zu wagen, zerrissen werden. Unser Bewusstsein wird untergehen.

Auf einem Holzschnitt, der Ende des 12. Jahrhunderts gestochen wurde, hing Christus als Köder am Ende einer aus Kreuzen geflochtenen Angelleine. Der Angler war David oder Davids Vater, Jesse. Sein Köder, durch die Zeiten der Wasser hinab: der Nachfahre, Spross Jesses, das erlösende Licht. Das Opfer, Jesus, Messias. Und das Fisch-Monstrum, das nach dem Erlöser schnappt, den Köder verschlingt, war Leviathan selbst. Das Ungeheuer der Meere, der Wasser des Unbewussten.

Dieser Leviathan wäre aber nicht nur der Teufel, das Böse – ja, das war und ist er auch. Der Leviathan wäre, aus heutiger psychologischer Sicht, vor allem ein Bild für das roh-primordiale Unbewusste, für die Ungeheuerlichkeit, die Unfassbarkeit, die Monstrosität, den dunklen Gott selbst.

Mit dem »Lichthaken«, dem gekreuzigten Christus, ließ er sich fangen, so sah es das Mittelalter.

In der jüdischen Legende wird der Leviathan – werden Leviathan und Behemoth, diese urtümlichen, von Gott geschaffenen Ungeheuer – geschlachtet. Und den Gerechten beim Mahl am Ende aller Zeiten, am jüngsten Tag also, vorgesetzt. So wird der primordiale, der urtümlich-horrende Schatten Gottes verzehrt. Er wird vom Einzelnen, von Millionen, von Milliarden individueller Menschen im Laufe ihres Lebens gegessen, assimiliert, ins Persönliche, ins eigene Innere genommen. Der dunkle Bissen wird aber nur verwandelt, wenn sie wissen, was sie tun, erkennen, wen sie verschlingen.

Sonst bleibt das kleine oder größere Morsel Leviathans, selbst wenn dieser Bissen geschluckt würde, unbewusst im Unbewussten. Er wird dann nicht wahrgenommen, kann daher nicht verwandelt werden.

Es ist dann, als sei nichts geschehen.

Das Ganze – das Mahl des Leviathans – ist ein Vorgang, der längst begonnen hat, der immer wieder beginnt. Ebenso wie das Fangen des Fischs, wie der Fischzug des Dunklen, des eigenen Schattens, den wir im Netz herauf ins Bewusstsein ziehen. Wir sitzen seit Urzeiten an diesem Tisch. Oder an diesem Ufer, die Angel in der Hand. Oder warten auf jenem Boot, werfen blutigen Köder aus.

Nur wussten wir's nicht. Jetzt aber beginnen wir zu verstehen, was notwendig wäre:

»Wir werden ein größeres Boot brauchen.«

Ein größeres Gefäß, hieße das. Ein umfassenderes Bewusstsein.

Eines, das die Monstrosität in ihren kommenden Gegensätzen zu fassen vermöchte.

Denn die Sache ist ernst geworden. Solange alles unbewusst verlief, war es Spiel. Sobald Bewusstsein hinzukommt, wird es ernst. Das Risiko nimmt erheblich zu. Jetzt kann man nicht mehr sagen: »Davon habe ich nichts gewusst.«

Man winkt daher ab, wenn vom Unbewussten und der Tiefenpsychologie die Rede ist. Man will eigentlich nichts davon wissen. »Besser, ich weiß es nicht. *Let sleeping dogs lie*, schlafende Hunde soll man nicht wecken.«

Und schon ist man dran vorbei.

Als sei nichts geschehen.

Ein Ziel des Unbewussten aber scheint es, aus dem lösenden Element heraus – seinem »Wasser« – Konkretes zu gebären, *the fact*, das Phänomen, und damit »zu rufen dem, was nicht ist, dass es sei«.

Mithin verfolgt das Irrationale, das eher der Muße-Phase zuzuordnen ist, durchaus eine Ratio. Nur ist sie nicht die meiner Ich-Vernunft. Diese Ich-Vernunft nämlich verfährt anders, lässt man sie allein herrschen. Im Beispiel, das ich oben benutzt hatte, jenem Satz »Sie kamen aus dem Unbewussten, tauchten auf«, hätte Ich-Vernunft das »tauchten auf« als doppelnde Aussage, als unnütz bildernde Parallele gestrichen. »Sie kamen aus dem Unbewussten«. Punkt. Trocken, wie die Vernunft.

Kein Wassergeräusch, nichts »taucht auf«.

Arbeit und Muße konstituieren ein Prinzip, das aus der Zusammenarbeit gegensätzlicher Einstellungen heraus einem Nebeneinander der Gegensätze zuarbeitet, ihrer reizenden Gleichwertung nämlich. Denn einer reizt stets den anderen hervor. Wie geschaffen also scheint dieses Prinzip zur Bewusstwerdung – auch wo es unbewusst unter uns wohnt.

Hinter ihm steht wohl das Bild vom Mysterium jener *Coniunctio*, in der die Lebensfäden alles Gegensätzlichen – Bewusstgewordenes und Unbewusstes, hell und dunkel – zusammenlaufen, unvorstellbar in eins gewirkt.

Aber wie und wo ereignet sich das nun alles beim Schreiben? Und wie wäre es zu erfahren?

Drei Bilder fallen mir dazu ein.

Sie kamen. Kamen mir ein. Hier am Schreibtisch.

Nur wenig hintereinander. Sie waren also verbunden. Waren durch etwas in mir verbunden. Waren »assoziiert«. Ich notiere sie kurz:

Die Trattoria am Strand.

Das Mädchen im Bach.

Das Felsengrab.

Insgesamt also ein Abstieg? Eine Katabasis in das Unbewusste? Es zu befragen? Eine Nekyia, ein Besuch bei den Toten? Wie Odysseus im Hades, den Heimweg, die Richtung, den Sinn zu erfahren?

Ich weiß es noch nicht. Zu früh, das zu sagen.

Ich bin noch nicht dort.

Ich gehe mit, gehe den Bildern nach.

Zum Beispiel dem ersten, das, wie zum Gleichnis, noch ganz an der sonnenbeschienenen Oberfläche liegt.

Paris 1972.

Ich erinnere mich an die Stunden nach der »Arbeit« – den vier bis fünf Stunden Unterricht in der *Alliance Française* –, als ich zum ersten Mal in der alten Pariser *Cinémathèque* am Trocadéro Fellinis *La Dolce Vita* sah.

Ich saß in der ersten Reihe, weil man da die Füße ausstrecken, sich in den rechten Fläzwinkel zur Leinwand rücken konnte; nahm auch gerne in Kauf, den Überblick über die Kadrierung, den Bildrahmen auf der Breitleinwand, zu verlieren, dafür mehr *im Bild selbst* zu sein: vor mir nichts als der Screen, vergessen die Reihen, die hinter mir saßen. In der ersten Reihe sitzend lässt man dem Projizierten noch die Chance der Vision: mächtig unmittelbare Wirkung. Die entfällt aber oder schrumpft, sobald Kopfkuppen ins eigene Blickfeld ragen und du weißt: das Gesehene wird geteilt. Schon ist es relativiert, nicht mehr visionsnah.

Man muss also wissen, dass auch ich, in der ersten Reihe, damals in der Mittagshitze unterm sonnenbeschienenen Strohdach einer leeren Strand-Trattoria saß, in die Marcello sich zurückgezogen hatte, um zu schreiben.

Vor ihm die kleine Reiseschreibmaschine.

Darin ein leeres Blatt, mit dem der Wind spielt.

Hinter ihm, im Nacken, nisten die tausend Lichtsplitter, die durchs Sieb des Strohdachs fallen. Sie brüten im Sand auf dem Boden, glühen still im Schattentupfenreich auf ungedeckten Tischen und wartenden Stühlen.

Hier will er Ruhe haben, will ungestört sein.

Er beugt sich übers leere Blatt, um endlich mit der eigentlichen Arbeit zu beginnen: endlich zu schreiben. Nicht den Mist, den er sonst schreiben muss, sich sein Geld zu verdienen, die Klatschberichte über Eskapaden der müßigen Reichen und Filmstars – was oder wen sie wo mit wem vernascht hatten und wie. Sondern den Roman, der ihm vorschwebt. Der lebt in ihm –

weniger als Stoff, eher als lebensrettender Begriff, als Parole, die ihm Halt verheißt, Mitte und Sinn, inmitten sinnlos verhetzten, sinnlos dahinsplitternden Lebens.

Im fernen Hintergrund der Trattoria taucht nun ein junges Mädchen ins Lichtkreidegestrichel unterm Strohdach. Wohl eine Bedienung, die auf Mittag die Tische decken soll. Sie stellt ihren Geschirrstapel ab, eilt zur Musikbox, wirft die Münze ein und nimmt ihre Arbeit wieder auf – jetzt begleitet vom lauten Geplärr irgendeines Schlagers, der bis zu uns, zu Marcello, herüberdröhnt.

Wer kann da noch arbeiten? Ärgerlich bittet er die Kleine, den Lärm abzustellen.

Sofort stellt sie ihn ab.

Nur um den Schlager beim Tellerdecken unwillkürlich weiter zu singen.

Unglaublich, eine Frechheit. Trotz des hübschen Stimmchens, das den Schlager nachsingt. Allerdings – erkennt Marcello jetzt, als er sich umsieht nach ihr (und sofort wissen wir ihn und uns in seiner Schwäche getroffen) –, allerdings ist auch *sie* hübsch, diese junge Bedienung.

Nein, mehr als das.

Wie alt kann sie sein?

Dreizehn, vierzehn vielleicht, kaum älter. Bildhübsch. Mehr als »bildhübsch«. Denn wie die Schönen Bressons ist sie gänzlich uneingedenk ihrer Schönheit, schöner dafür. Wer will da noch arbeiten?

Ohne dass Marcello es wüsste, es in diesem Moment wissen *könnte* (denn wer erkennt es schon im Augenblick selbst), ist es so: Da ist er, »der Roman«. Da wäre er, der Sinn. Da *ist* sie, die Anima, die Seele. Aber – gewaltige Einschränkung, Unterschied zwischen Tag und Nacht – leider ist sie nur *außen*, ist sie nur äußerlich »Anima«, ist sie »Seele«, Seelenbild Marcellos, nur in der Projektion. Und damit nach außen verbannt. Innen, als *innere* Seelensubstanz bleibt sie ihm unerkannt, unerwogen. Sonst würde er sich wieder abwenden, bedächtig weiterschreiben mit ihr. Inspiriert, wie man sagt, von ihrem inneren Bild ins Innerste geführt.

Alles blieb damals außen. Projiziert. Sowohl für Marcello als auch für mich, den projektionsnahen Achtzehnjährigen aus der ersten Reihe. Aber auch für Fellini, Tullio Pinelli und Ennio Flaiano, die sich den ganzen Episodenreigen *La Dolce Vitas* ausgedacht hatten, noch bevor Mastroianni angeheuert war, den Klatschjournalisten und verloren-getriebenen Sinnsucher darzustellen. Wer *spielt* so was schon nicht gerne? Einen leicht Abgelenkten, der schreiben will. Aber es *sein*? Nur lassen Fellinis Film und Mastroiannis Marcello im Nachhinein manchen erkennen: Wir sind es.

Wir Zuschauer.

Sind es alltäglich. Gerade auch in dieser scheinbar harmlos sonnigen Szene mit dem »Mädchen, das Tische deckt«.

So ein Anima-Bild spiegelt immer die Alltagseinstellung, die das männliche Ich zum weiblichen Unbewussten einnimmt. In Marcellos Augen tritt die Anima hier als schlagerträllerndes, unschuldig-undifferenziertes Mädchen auf. Und doch auch als Engel – er will an Engelsgesichter in Gemälden umbrischer Kirchen erinnert sein. Sagt er, wie einer, der zu flirten versteht. Ob sie schon einen Freund habe, fragt er den Engel. Und was sagt sie ihm?

Nichts. Nichts, das er verstünde.

Es ist also die oberflächliche, unreif-identifizierte Einstellung des Ich zu seinem Innersten, der Seele, die sich in diesem Anima-Bild des »Mädchens, das im Hintergrund dient«, spiegelt. Dieselbe unbewusst-oberflächliche Haltung hat Marcello auch zur eigenen Individuation, das heißt zu jener Lebensarbeit, die das im Unbewussten Angelegte so verwirklichen soll, dass er ganz einzig, ganz Individuum wird.

Man kann das Bild der Strand-Trattoria so deuten: Einerseits macht die Seele »neurotisch lärmend« auf sich aufmerksam, erheischt so die Aufmerksamkeit des Ich; andererseits weiß das Ich nichts mit ihr anzufangen, ist selbst zu schwach, im kollektiven Schlagerlärmen des Alltags *nicht* unterzugehen, im Gefühlsbrei der Masse, dem Ruch der Gerüchte und immer-neuesten Moden und Trends, über die Marcello berichten muss. Hier wird die eigentliche Arbeit, die ansteht, verhindert.

Es ist der *Puer Aeternus*, »der ewige Jüngling«, unser marcellonisches Ich, das uns behindert. Und zwar in seiner gefährlich oberflächlichen Einstellung zur Anima und zum höchsten Wert, einer naiven Haltung, die jenem scheinbar unschuldig *just-wanna-have-fun*-Girl entspricht, das Marcello aus dem Lärm heraus anlacht.

Von Marcello herbeigerufen, kommt sie mir schließlich auf der Leinwand entgegen:

»Paola.«

Tatsächlich kommt sie mit einer weiblich-paulinischen *message*, die Marcello aber weder unterm Strohdach der Trattoria zu hören vermag noch am Ende des Films, nach der Orgie im Haus der Reichen, am Strand. Da ist es nämlich das Meer, Bild des Unbewussten selbst, das »zu sehr lärmt«, wie Marcello andeutet.

Könnte er sonst Paolas Worte hören, verstehen?

Vielleicht.

Aber er weiß auch ihre stummen Gesten nicht zu deuten. Er winkt ihr ab, zynisch-selbstironisch, und kehrt sich einer anderen Frau zu, die ihn greift und die greifbar war.

Der Film endet mit dem langen Nachblick des Mädchens. Es sieht Marcello schicksalhaft vorausblickend nach. Und ist ein Blick, so viel weiser als ihre Jahre, ein Blick weisheitlich liebender Sorge um ihn, ein Blick, der diese Paola als erkennende »Sophia« offenbart, deren Augen dem unglücklich Getriebenen nachsehen – sie hoffet alles – und ihm vergeben. Seine Uneinsichtigkeit sieht sie ihm nach, im Nachsehen noch. Im letzten Moment aber des Films schweifen ihre Augen ab von Marcello.

Da!

Jetzt blicken sie ins Kameraauge selbst.

Bewusstwerdungsrasch.

Blicken also unmittelbar auf mich herab: den in der ersten Reihe. Ich bin erkannt, als schon ihr Bild sich entzieht, die Leinwand sich endgültig verdunkelt: als würde mir schwarz vor Augen.

Am Strand aber, kurz vor Ende des Films, kurz vor dem Wiederentdecken, Wiederauftauchen der Anima, war noch eines entdeckt worden, das die Arbeit der Fischer im Netz an Land gezerrt hatte. Sichtbar jetzt, Momente lang, dieses sonst Unsichtbare:

Ein Fisch-Monstrum, tot.

Ein großer Rochen vielleicht? Nein, ein Mondfisch. Mit Augen, die im Tod »nicht aufhören mich anzustieren«, sagt Marcello.

Dieser Fang wäre die Aufgabe, die ansteht. Ein Stück primordialen hässlichen Schattens, eine Zumutung, die es aber zu verzehren, das heißt anzunehmen, zu assimilieren, uns anzuverwandeln gälte. Ein Stück »Chaos«, wie es im Untergrund der bisherigen Geschehnisse am Wirken war, Nachgeburt der Exzesse der Nacht, ist jetzt objektiv sichtbar. Aber immer noch unerkannt: »Was soll das sein? Was hat das mit mir zu tun? Ekelhaft!«

Das ist die *prima materia*, ist der aus dem Unbewussten auf festen Boden unseres Bewusstseins gerettete Stoff, der bearbeitet, nach Ratio und nach Gefühl ausgewertet werden muss. Seine Hässlichkeit, seine scheinbare Verächtlichkeit schreckt – weil wir diesen Schatten vergessen, verdrängt, totgeglaubt hatten – oder nie auch nur geahnt hätten, dass es »so etwas gibt«. Er ist aber nicht nur heraufgerettet durch die Arbeit der Fischer, sondern ist auch der Fisch, *ist* das Rettende selbst, *wenn* Marcello begreifen könnte, was er da sieht – und von wem er gesehen, angestiert wird.

Das Fischmonstrum ist ein Bild für die roh-undifferenzierte Einstellung zum weiblichen Unbewussten, vor dem es den Mann – zumal den Typ des *Puer Aeternus*, den Playboy, der sich nicht binden will – ekelt. Es ist der »hässlich« dunkle Aspekt des Unbewussten. Mithin auch das »Hässliche« und Dunkle, auf das er in einer Frau – einer konkreten Bindung zu ihr, einem Gebundensein – stoßen könnte, das er fürchtet und hasst und unterdrücken muss, es könnte ihn ganz verschlingen. Und das daher hässlich ihn anstiert.

Denn das Unbewusste spiegelt unsere Einstellung zu ihm.

Gerade das Dunkle des eigenen Weiblichen anzunehmen, es zu umarmen und damit zu erlösen – wie beim »Schlangenkuss« im Märchen –, sind die wenigsten geboren. Auch Helden versagen hier meist. Kurz vor dem Kuss reißen sie aus. Greifen sich das Klischee der Frau: der Schönen, der Jungen, der Adeligen, des Stars, und flüchten sich in die Strohhütte ihrer Phantasien.

In dieses Unbewusste verwoben ist auch unser Schatten, der zur Mitte des Lebens hin – hier befindet sich Marcello in etwa – auftaucht und nicht abgelehnt werden sollte. Das Symbol dieser Individuationsarbeit am Schatten ist das Quadrat, das Mandala. In der letzten Sequenz von *La Dolce Vita* ist es – kaum beachtet – zwischen Marcello und Paola zu sehen. Nur Schritte hinter ihr. Denn wenn man es überhaupt beachtet – dieses große, aufgerichtete, im Kreuz viergeteilte Quadrat –, denkt man an ein Gestell der Fischer, Gestänge zum Trocknen der Netze.

Aber hier hängt kein Netz. Die vier kleinen Quadrate des großen Durchkreuzten sind noch leer. Nur unbeschriebener Himmel in ihnen, nur Potential – noch ist nichts verwirklicht.

Das eigentliche Opus beginnt zwar im Dunkeln, angestoßen vom Unbewussten, wird aber erst mit der Bewusstwerdung wahr. Dann heißt es: »Ich habe noch nichts verwirklicht. Mein Leben ist noch leer.«

Hier begänne also die Arbeit Marcellos, wenn er verstehen wollte, wohin die Worte und Gesten der jungen Anima, Paola, deuten, wohin sie führt, ihn führen würde, führen könnte.

Aber ich wusste es damals ja auch nicht. Ich sah den Film nicht so, wie ich ihn heute beschreibe oder deute. Ich sah ihn nicht deutend. Ich hatte ihn *erlebt.* Völlig unbewusst, identifiziert – wie es sich für mein jugendliches Alter damals gehörte. Ich war Marcello, der da saß und schreiben wollte, war blind für den eigenen Schatten, in dem ich saß, war wünschend zu sehr versucht, von Schönheit allzu leicht eingenommen.

Das zweite Bild, zehn Jahre später.

Mein Leben war dem Marcellos in *La Dolce Vita* in Zügen ähnlich geworden. Ich schrieb in Hollywood für ein deutsches Filmmagazin, lieferte Interviews und heuerte ab und zu einen Paparazzo an, um Filmstars aufzulauern, die beim Interview nicht fotografiert werden wollten. Es war einträgliche Arbeit, die mich aber leer und unruhig, wie lärmbeschallt zurückließ. Das Kassengekreisch der Hollywood-Studio- und Presse-Maschinerie, die ihre Schwarmmassenware, Filme und Stars, an den Käufer bringen wollten, war mir täglich im Ohr. Andererseits war es Arbeit, mit der ich mir die Freizeit finanzierte. Freizeit, in der ich schrieb.

Ich arbeitete damals an einem Hörspiel, das ich »Kindeskind« nannte: Ein fünf Jahre alter Junge und ein neunjähriges Mädchen befreunden sich im letzten Winter des Zweiten Weltkriegs in »Laubheim«, einem Städtchen, das bombardiert wird. Im Sommer 45 dann, als die Kinder im Bach spielen, kommt das Mädchen zu Tode – es tritt auf eine im Schlamm vergrabene Bombe. Aber auch nach ihrer Beerdigung will der Junge an den Tod seiner Freundin nicht glauben. Warum? In einem Traum, der ihm wirklicher war als die Wirklichkeit, entdeckt er sie schlafend auf dem Grund jenes Bachs. Er taucht zu ihr hinab, berührt sie – da schlägt sie die Augen auf.

Ich erinnere, dass mich – wenn ich abends aus dem Hollywood-Büro der Filmzeitschrift nach Hause kam, am kleinen Tisch neben dem Bett Platz genommen hatte, die Seiten meines Schreibhefts aufschlug – ein geradezu paradiesisches Gefühl überkam: wieder in die Welt der »Kindeskind«-Bilder tauchen zu dürfen, in den Bach, in dem die Geheimnisse des zurückkehrenden Traums lebten, des Traums, der den Jungen – wider alle Trauer-Ratio der Erwachsenen – wissen ließ: Sie schläft nur, die Freundin. Sie lebt!

Bei dieser Arbeit am Eigensten, einer Arbeit »mir zugemessen« – Muße kommt ja von »müssen« in seiner alten Bedeutung »können, dürfen«, eigentlich »sich etwas zumessen«: einen Freiraum, freie Zeit –, wurde ich wieder geeint, wurden die über den Arbeitsalltag hinversprengten, zerrissenen Teile wieder zusammengesammelt.

Wer also war beisammen?

Der Schatten der Schuld eines Krieges, der tief in meine Jugend hineinragte, lag neben der Anima, dem Gefühl, der Seele des Jungen, die vor Schuld starb: Sie waren beisammmen, waren beschaut und bedacht und lebendig gefühlt.

Die Seele also, die es zerrissen hatte, weil das im Krieg geschehene Grauen für sie – für die Gefühle des Jungen – unfassbar war, *die* sollte wiederbelebt werden, jetzt, 30 Jahre später, an einem kleinen Tisch nach der Hollywood-Arbeit, in unzähligen Tauchgängen wiederbelebt. Personifiziert war sie in jenem Mädchen, an dessen Tod der Junge nicht glauben, dessen Tod er nicht hinnehmen wollte.

Ich erinnere mich eines Moments beim Schreiben, als der Junge – zu ihr hinabtauchend auf den Grund des Bachs – sich neben sie legte und einschlief. Ein gefährliches Bild der Verdunkelung, ausgelöschten Bewusstseins; aber mir schien es eine Weile lang wunderbar friedlich.

Nur wusste ich jetzt in der Handlung nicht weiter … Wie erwacht er denn wieder? Und wie überhaupt wäre mit Ratio noch einzudringen in dieses Bild, noch Licht zu schlagen, Leben, aus den Entschlafenen?

Da kam mir – ins Freie des »zugemessenen« Raums hinein, der bei der Arbeit entstanden war – das Unbewusste zu Hilfe. Ich erinnere, dass ich in meiner Ratlosigkeit einen kurzen Stoß verspürte, *physisch*, als hätte ein fremder Finger mir soeben die Mitte der Stirn berührt. Ich erschrak – aber schon stand mit dem physischen Eindruck auch das rettende Bild vor mir: ein Fisch. Ein Fisch, der an die Stirn des schlafenden Jungen stößt, weckt ihn auf. Der Erzähler in *Kindeskind* schildert die Szene dann so:

In dieser Nacht kam der Traum zurück. Es war dem Jungen, als läge er schlafend auf dem Grund des zugefrorenen Bachs. Er lag neben der schlafenden Freundin, den Arm um ihre Schultern gelegt. Der Wind, der zu hören war, kam als leichte Strömung des wintrigen Bachs, in dem auch sonst alles Leben schlief, tief schlief …
Da
patscht etwas an seine Stirn.
Und seine sich öffnenden Augen vermögen gerade noch den Schatten eines großen Fischs
zu erkennen, der unter all der schlafenden Welt geruhsam schwimmt.
Der Junge schaut ihm nach, sieht
ihn im Dunkel des Wassers
entschwinden.
Der Junge holt tief Atem,
saugt aber nichts als Bachwasser in sich, an dem er
zu ersticken droht …
Jetzt schwimmt er
Hoch, nach oben
zur Eisdecke,
die über ihm liegt,
und versucht, sie

aufzubrechen.
Stößt an dagegen, so fest er nur kann.
Vermag aber nichts.
Er weiß: Wenn ich jetzt
wieder einschlafe, ist es der Tod.
Seine Kinderhände
finden im Eispanzer keine schwachen Stellen.
So dringend er sie auch sucht.
Sein Mund
öffnet im Schrei sich,
der das Wasser nur noch tiefer
in den geschwächten Körper ruft
und ihn schwer
und hilflos
und verloren
zum Bachgrund
wieder hinabzieht.
Da, plötzlich
wird über ihm im
Eis
gehackt, und
Licht
bricht
durch eine sterngezackte Öffnung.
Mit letzter Kraft versucht er, sich
vom Grund
ab-
zustoßen, dem
Sternlicht zu …
Vermag es aber nicht.
Da sieht er,
seidendünn
und sich im Lichtstrahl sonnend:

einen Faden,
der zu ihm herabzusinken scheint.
Es gelingt ihm, den
dünnen Zwirn
mit beiden Händen zu
greifen, und
er beginnt,
so sich nach oben zu ziehen.
Und da –
mit einem Ruck –
schießt ihm der Faden durch die Finger
nach oben,
und
er verliert ihn –
ja, hätte ihn ganz verloren,
hätt er nicht plötzlich,
statt des Fadenendes, fest
zwischen beiden Händen,
zappelnd und ringend,
den schuppigen
Körper des Fischs gehalten.
Der sieht ihn schmerzenverzerrt an.
Aus seinem Maul ragt
starr und steif
gezogen die
Angelschnur,
an der er nach oben gezerrt wird, blinkt das
Hakenende,
das ihn durchbohrt.
Der Junge aber
krallt sich fest am schuppigen
sterbenden Tier und
wird so durchs

Eis … –
an die Luft gezogen.

Ein Vierteljahrhundert später saß ich tatsächlich am Meer. Ich lebte in Santa Monica und schrieb in einem kleinen Apartment, fünf Minuten Fußweg hinter der Brandung am Pier. Hier entstand, während der Arbeit an *Sunrise – Das Buch Joseph*, das dritte der Bilder.

Ich spreche von der Szene am Felsengrab, in der die Fäden von Josephs Lebens- und Individuationsarbeit und die der jungen, schwangeren Sklavin, der er seine Geschichte erzählt, zusammenlaufen.

Während ihr Joseph berichtet – in den Pausen zwischen der Arbeit am Grab –, sitzt sie am Webstuhl und fertigt, im Auftrag ihres Herrn, des todkranken Joseph von Arimathäa, ein Grabtuch. Keiner von beiden weiß, dass das Grab und das Leintuch, die da entstehen, für einen andern bestimmt sind. In wenigen Wochen wird er unweit des Grabs gekreuzigt werden.

Hier wird die Arbeit am Grab und Grabtuch mit dem Lebensweg, mit der Reifung zum Individuum, der Individuation gleichgesetzt.

Das Bild aber der Individuation selbst liegt, so sehe ich es, bereits an der etymologischen Wurzel von »Arbeit«. Das Verb »arbeiten« geht zurück auf ein untergegangenes germanisches Verb *arbējō* mit der Bedeutung »bin verwaistes und daher aus Not zu harter Arbeit gezwungenes Kind«. So besteht eine Verbindung zur indoeuropäischen Wurzel *orbh* »verwaist, Waise, beraubt«, der wir noch im deutschen »Erbe« und »arm« oder im englischen »orphan« (die Waise) begegnen.

In den kollektiven Schichten des Unbewussten der Sprache – einem Bereich, in dem der Etymologe forscht – liegt der »Arbeit« nun dieses Bild zugrunde: das Bild der Waise, Bild des einsam gemachten »Beraubten«.

Sinngemäß ist das auch das psychologische Bild, das der Individuation zugrunde liegt – und auf das sie zielt. Denn was teilbar ist – der kollektive Mensch – muss solange geteilt, das heißt, differenziert werden, bis er »un-teilbar« geworden ist, in-divisibel, Individuum: Ein unverwechselbar einzigartig gereifter Mensch, der sich selbst entdeckt hat.

Inwiefern aber wäre der beraubt und zur Waise geworden?

Seiner kollektiven, seiner allgemeinen Anteile wird er beraubt. Es treibt ihn nicht mehr nach dem, was alle wollen. Was alle tun. Er sieht nicht mehr, was alle sehen, alle denken, lesen, hören, sagen. Was alle glauben, glaubt er nicht mehr. Er ist, alchemistisch gesprochen, gereinigt vom »sulphur vulgi«, dem »Aussatz der allen gemeinsamen Begehrlichkeit«. Von dem reinigt nur die Individuation. Wie C. G. Jung kommentiert:

»Von dieser Kollektivkrankheit bist du auch angesteckt. Also bitte denke einmal nach, ›extrahe cogitationem‹, was steckt alles hinter dieser Begehrlichkeit? ›Ein Hungerleiden nach dem Unendlichen‹, wie du siehst, mit dem Besten nicht zufrieden, denn es ist ›der Hades‹, dem alle Begehrlichkeit ›rast und Feste feiert‹. Je mehr du an dem hängst, was alle Welt möchte, desto mehr bist du ein Jedermann, der jedenfalls sich selber noch nicht entdeckt hat.«

Was alle Welt möchte, wird ihm, meinem Joseph, genommen.

Seine Individuation sondert ihn aus. Diese Arbeit verwaist ihn. Die ist das Ziel.

Jesus und Jesu bewusste Passion, Höhepunkt seiner Individuation, gaben dafür das Vorbild, das nicht nachzuahmen ist. Nicht *imitatio* Christi ist gefordert, sondern *assimiliatio*, Anverwandlung. Diese Arbeit, das Kreuz der Individuation, nimmt jeder täglich für sich auf. Die entscheidende Frage ist, ob er es weiß oder nicht.

Im Opus, der Arbeit der Alchemisten, ist eben dieser *orphanos*, das Bild der Waise: ein Synonym für Jesus – mithin für den »Stein der Weisen«, den Lapis, den höchsten, inkorruptiblen Wert. Ich sehe auch Jesu Wort im Matthäus-Evangelium als deutbar in diese Richtung:

> Denkt nicht, ich sei gekommen, um Frieden auf die Erde zu bringen! Ich bin nicht gekommen, um Frieden zu bringen, sondern das Schwert. Denn ich bin gekommen, um den Sohn mit seinem Vater zu entzweien und die Tochter mit ihrer Mutter und die Schwiegertochter mit ihrer Schwiegermutter.

Jesu Schwert ist das Schwert der Individuation. Es trennt uns von allem, was uns im Kollektiven gefangen hält: die Fesseln der Familie zum Beispiel, die uns hindern zu wachsen, solange wir unbewusst – in *participation mystique* – mit ihr leben. Solche Bande können uns daran hindern, unser Experiment zu machen, zu hören, nicht nur was er, Jesus, sondern was auch die bildende Stimme unserer Seele uns zu sagen, uns zu zeigen hätte von Gott.

Im Roman ist Joseph somit eine von aller Familie getrennte – ja für tot gehaltene – Waise Gottes, *God's lonely man*, Gottes »*skeûos eklogēs*«, erwähltes Gefäß. Das Wandlungsgefäß Mensch.

Gefäß wofür?

Für Gott, den Bildner, der sich in uns sehen, in uns wohnen, in uns wandeln will.

Darin besteht also die Arbeit, und darum bestehen die Arbeiter. Denn darauf zielt jede Arbeit, zielt sie immer – ob sie es weiß oder nicht –, zielt jeder, der arbeitet, ob er es weiß oder nicht: Gott will gewandelt werden, das heißt, er will von uns, Seinem Bild, erkannt werden, Sich zu erkennen.

Das hebräische Wort für »das Bild« von dem hier die Rede ist, spricht sich an jener Stelle des ersten Schöpfungsberichts im Buch Genesis so aus:

Tselem. Ich übersetze es mit »Schattenbildnis«.

Tselem, das sind wir, der Mensch, »zu Seinem Bilde, zum Bilde Gottes« geschaffen. Wir sind es. Und Moses Bildner im Buch Exodus, der Künstler, der Gott den Tabernakel baute und auch das Allerheiligste darin unterschied und auch die Bundeslade fertigte, die darin unterkam, dass Gott auf ihr throne, hieß »Betsalel«.

Betsalel ist der auf ein Unendliches bezogene Künstler. In seiner Silbe »tsal« – von *tsel*, das heißt »Schatten« – trägt er, gleichsam mitten in sich, dasselbe »Schattendunkelbild«, das auch der Mensch als Abbild Gottes trägt – als *tselem*. Mitten *in sich* trägt Betsalel Sein Bild, daraus sich uns, dem Menschen, dem *tselem*, erst Sinn und Richtung öffnen. Betsalel, der Künstler, der Gottes Schattenbild in sich trägt, baut dem Numinosum nicht nur den äußeren Tabernakel, sondern weiß es als in sich zeltend. Der Künstler lässt es sich inkarnieren, »zelten«, wie das Neue Testament sagt. Im Innern gibt er ihm Statt, indem er am eigenen Schatten arbeitet.

So jeder Künstler nach Betsalel, so jedes Individuum auf seine Art.

Es handelt sich also nicht allein um eine Arbeit *für* Gott (etwa im Sinne des großartigen *A.M.D.G. – Ad Majorem Dei Gloriam –*, um das ich einst den jungen Joyce so beneidete, der es bei den Jesuiten über jede Seite seines Aufsatzhefts schrieb; oder im Sinn eines *In the name of God*, das Abbas Kiarostami mancher Filmarbeit so selbstverständlich voranstellte), sondern auch um Arbeit *an* Gott.

Was hätten wir schon zu geben, was zu er-arbeiten IHM?

Denn was sind wir schon? So fragt doch der Psalm: »Was ist der Mensch, dass du seiner gedenkst, und des Menschen Sohn, dass du dich seiner annimmst?«

Also noch mal: Was hätten wir zu geben? Was zu erarbeiten IHM?

Wenn nicht Bewusstsein.

Wenn nicht Bewusstsein, das heißt: das aus dem Dunkel des Unbewussten Erarbeitete. Durch das Tal des Schattens *(tsel)* des Todes sind wir gegangen, haben es aus dem Unbewussten hervor zu Tage gewonnen, dieses Bewusstsein.

Was zu er-arbeiten IHM, wenn nicht die Fähigkeit, Bewusstsein zu tragen, zu ertragen – und damit auch Schuld. Ohne Schuld, Schuld der Trennung, Schuld der Individuation, Schuld der Sünde – kein Bewusstsein. So bestätigen es auch die archetypischen Bilder vom ersten Übertritt, vom ersten Diebstahl, vom Essen der Frucht im Paradies, von der Vertreibung der »Schuldigen«, schuldiggeworden Bewussten, der ersten Menschen, die weinend durchs Tor in die Welt hinaustraten.

Bewusstsein ist das Wesentliche an *tselem* – dem Funken Finsternis –, das Wesentliche am Menschenbild, das Elohim Sich zum Bilde schuf, von Seiner Hand geformt, belebt durch Seinen Atem.

Dieser Mensch – samt der Welt, die sich, soweit wir wissen, nur in uns, allein in unserem Bewusstsein spiegelt – ist Sein Opus. Etwas prekärer gesagt: Sein Experiment. Daher gilt auch: »Die Furcht des HERRN ist der Weisheit Anfang.«

Im Sinne des bisher Gesagten aber ist »Weisheit« hier austauschbar mit dem Wert, auf dem sie gründet: Bewusstsein. Die Furcht des HERRN ist Bewusstseins-Anfang. Funke in Finsternis.

Eins, zwei, drei – wo aber bleibt nun das Vierte, von dem doch bisher nie die Rede gewesen war?

Mir fiel es dann doch noch ein, das vergessene vierte Bild, eine Legende von Paulus. Sie stellt »das Vierte« dar, eine dunkle Arbeit, die uns umso dringender ansteht.

Von Paulus wird erzählt – da war er noch Saulus unter den Pharisäern, wenig nachdem man Stephanus gesteinigt, Saulus sich aber gebückt und aufgehoben hatte den letzten Stein –, dass Saulus eines Abends nach der Arbeit mit drei Freunden im Gassengewirr Jerusalems unterwegs war.

Zum Festmahl waren sie eingeladen und hielten aufs Haus des Gamaliel zu, dessen Frau die Lieblingsschüler des Rabbis verköstigen wollte.

Da kreuzte – es war kurz vor dem Haus, jemand winkte ihnen bereits vom Dache aus zu – eine Gruppe Männer vor ihnen die Gasse. Von denen glaubte Saulus zwei zu erkennen. Und voll Eifer hielt er die Seinen auf und sprach:

»Schnell, hinterher! Es sind Anhänger des Wegs.«

Als aber die Gruppe, der sie nun folgten, sich kurz darauf teilte, drei in die untere Stadt abzweigten, einer aber plötzlich, als habe er sich's anders überlegt, eine Gasse hinauf in die entgegengesetzte Richtung schritt, schöpfte Saulus Verdacht, er selbst könnte erkannt worden sein. Und er drang in die Freunde, den dreien nachzuspüren, ob man nicht endlich erführe den geheimen Ort, wo sie sich alle versammeln.

Saulus nun folgte dem Vierten allein. Denn sein Begleiter sprang ab und wollte zurück zum Fest, dem Rabbi nicht zu spät zu kommen.

Saulus aber ging hinterher im Abstand dem Vierten. Und er sah: Der geht westwärts, aufs Tor zu. Und sah: Der verlässt die Stadt.

Und Saulus folgte und trat
durch das Tor vor die Mauern.

Und ging weiter und sah, dass der Vierte den Weg in den alten Steinbruch nahm zu den Gräbern. Saulus aber, aus Furcht, unrein zu werden, hielt sich zurück. Andere hingegen erzählen, Saulus' Eifer habe ihn vergessen lassen Gamaliel und die Furcht, unrein zu werden, und er sei hinab, scharf hinterher dem Verfolgten, denn er verfolgte für Gott. Andere wiederum sagen, er habe sich eine Zeitlang versteckt hinterm Felsen – damit meinten sie die Richtstätte dort –, weil zu jener Stunde niemand sonst bei den Gräbern war und Saulus dem anderen sofort aufgefallen wäre.

Aber ungeduldig war er und hielt es nicht lange aus hinterm Stein – darin ist man sich einig –, sondern hob eine Harke auf, die lehnte in einer Spalte des Felsens Golgota, wo er stand. Und schwang sie sich über die Schulter und trat hinterm Hügel hervor und ging den Weg zum Garten hinauf, wo die Gräber lagen, als sei er der Gärtner und habe noch Arbeit dort. Und erst jetzt hob er die Augen auf, als wüsste er um sein Ziel, und sah –

niemanden mehr.

Niemand vor ihm.

Niemand zuseiten.

Und Saulus suchte, wie der ihm hätte entwischen können. Und fand nichts, keine Spur mehr von ihm. Er stand nun in der Nähe der Felsengräber, unter denen auch jenes war, darin sie ihren Anführer beigesetzt hatten, bevor sie den Leichnam verschwinden ließen. Dessen Anhänger aber schrien nicht »Raub!«, sondern verbreiteten unter den Armen die Lüge, Gott habe ihn wieder zum Leben erweckt, den am Holz Verfluchten.

Und wie Saulus so stand, ratlos und ziellos, fiel sein Auge auf jenes Grab. Jemand hatte es ihm vor einiger Zeit bezeichnet. Da kam ihm der Gedanke – verrückt, aber die Lösung des Rätsels vielleicht –, der Mann, hinter dem er her war, könnte in der Zeit, als Saulus sich hinterm Felsen zurückhielt, den Rollstein des Grabs spaltweit zur Seite geschoben, sich hindurchgezwängt und im Grab versteckt haben.

Rasch schlich er hinauf, auf den Eingang des Grabs zu. Aber fallendes

kleines Geröll,

das der Versteckte hören könnte, ließ ihn seine Schritte behutsamer setzen.

Schloss der Rollstein den Eingang vollständig ab? Auf beiden Seiten?

Aus der Richtung, aus der er sich näherte, ließ sich das noch nicht sagen. Aber:

Lag da etwas beim Grab? Hatte da jemand was abgelegt?

Da fiel ihm wieder ein, bei welcher Gelegenheit ihm einer das Felsengrab bezeichnet hatte. Schon ein gutes Jahr war es her. Damals zog ein großer Zug Trauernder – lauthals Klagender, mit ihrer Last unterwegs – zu eben diesem Grab. Und als Saulus' Freund, mit dem er auf dem Weg in die Stadt war, einige fragte, wer denn hier traure, hieß es: zwei Familien. Die einen nämlich trugen ihr Töchterchen, eine Jungfrau, zu Grabe, die anderen aber die Braut ihres Sohnes, mit dem sie am Tag der Grablegung – war es doch der zur Hochzeit bestimmte – hätte Vermählung feiern sollen.

In der Woche nun vor der Hochzeit soll das Mädchen kurzentschlossen die Brüder auf ihren Feldern besucht haben. Abschied zu nehmen, schien es manchem im Nachhinein. Und sogleich habe man ihr dort die Nachthütte geräumt des Hüters der Felder. Habe die Wände der Hütte geöffnet, so dass der Wind die weißhäutige Zarte kühlte und das Strohdach dem Mädchen, das dort im Lichtkreidegestrichel saß, ausreichend Schatten gab.

Sie aber wollte nicht lange ruhen, wo man's ihr zugerichtet hatte, sondern mit ihnen wollte sie sein, und war ausgelassen. Und sei unter die Mägde gekommen und habe bei ihnen plötzlich Lust verspürt, mit den Mägden zu arbeiten, wie eine von ihnen. Und die Brüder ließen es zu, ihr zuliebe, und lachten mit ihr, denn sie war nicht zu halten. Den Tag lang aber stach die Sonne herab, bis das Mädchen zusammenbrach auf dem Feld.

In den Nächten darauf – sie erwachte nicht mehr aus ihrem Schlaf – sei ihre Haut dann ganz schwarz geworden, sagten die Leute. Und manche:

»Schwärzer als schwarz.«

So dass niemand mehr zu ihr gelassen wurde, auch die Brüder nicht mehr, selbst der Bräutigam nicht. Sondern, kaum hatte sie aufgehört zu atmen, schnürte man sie, unter den Decken noch, in ihr Grabtuch.

So erzählte man ihnen. Saulus' Freund aber sagte ihm, dass das Grab, zu dem die Trauernden zogen, das Grab jenes Gotteslästerers war, in dessen Namen auch einer seiner Anhänger predigte, den man vor kurzem hatte steinigen lassen. Und Saulus – da gingen sie weiter schon und traten ein in den Schatten des Tors – wusste, von wem der Freund sprach.

Vor diesem Grab nun stand Saulus.

Und er sah: Was er näher rückend gesehen, waren nur zwei Öllampen gewesen, die jemand beim Grab abgestellt hatte. Kalt, aber noch halbvoll fand er sie. Vielleicht stammten sie von Angehörigen, die am Todestag jener Jungfrau das Grab besucht und die Lampen für andere, die später besuchen würden, zurückgelassen hatten.

Noch eines fiel ihm auf, als er leise zum anderen Ende des Rollsteins hintrat. Und er

schreckte Schritte zurück,

hielt den Atem an.

Denn tatsächlich – er sah's – schloss der Stein am anderen Ende nur ungenügend ab. Eine Handbreit klaffte die Öffnung.

Er trat wieder hinzu und lauschte an ihr, seitlich hingepresst an den Stein. Jetzt glaubte er sogar, ein Geräusch zu hören:

Mehrfaches, tiefes Schnaufen.

Die Wut, dass sich einer hier schuldig vor ihm zu verstecken suchte, gab ihm Kraft. Er legte den Pfahl, der dafür bereit lag, über die Stütze und hebelte den Rollstein in seiner Rinne gänzlich zur Seite. Er sah ins Dunkel und sah –

Niemand.

Glaubte aber noch immer, das Schnaufen zu hören.

Er rief: »Komm heraus!«

Niemand kam.

Saulus tat einen Schritt und wartete an der Schwelle zum Dunkel, dass seine Augen sich daran gewöhnten.

Da, plötzlich, nimmt das Schnaufen zu, das er im Dunkel vernimmt. Er hört Schläge – kurz, drohend, schallend hart. Ein Schnauben und Scharren über felsigem Boden.

Und stiert hin ins Dunkel des Grabs. Und sieht immer noch nichts. Da bricht es los – er

sah's noch!

Ein großes schwarzes

Pferd

prescht hervor aus dem Grab, rennt ihn um. Schlägt ihn nieder, dass es seinen Körper zur Seite hinschleudert, getroffen vom Huf wird die Schläfe.

Als er endlich erwachte, was tat er?

Er ging nicht zu anderen, nicht zu Freunden zurück, zu berichten, die Wunde zu pflegen. Sondern suchte einzig, dem schwarzen Pferd nachzukommen.

Und lief ihm hinterher morgenwärts durch die Nacht und trachtete täglich nichts anderes, als ihm auf der Fährte zu bleiben, wohin sie auch führte, und ließ nicht ab und hetzte sich selbst, die Spur nicht zu verlieren.

Und ist er im Leibe gewesen, als er so suchte, so sehnte, so hetzte, wiederzufinden das Pferd?

Wir wissen es nicht.

Ist er außer dem Leibe gewesen, so wissen wir's auch nicht. Gott weiß es.

Saulus nun folgte dem schwarzen Pferd, folgte der Spur, die er hie und da aufnahm, wieder verlor, aber mit Hilfe anderer – die eine Sichtung des Pferds doch nur mitleidig behaupteten – wiederzufinden hoffte. So zog er auf Hörensagen mitternachtwärts gen Haran und fundlos kehrte zurück und verfolgte Gerüchte gen Westen, bis hin nach Joppe ans Meer, den verhüllenden Abgrund, und fragte immer noch nach dem Pferd – bis sich die Augen alles Lebendigen auf Erden und die Vögel des Himmels vor Saulus verhüllten, als suche er unter ihnen den Tod.

»Der wird dir weisen den Weg«, rief ihm der letzte nach, den er befragte, ein Blinder in der Ruine von Dor.

Und Saulus' Hoffnung, die Spur aufzufinden, zerstob.

Nach einem Jahr erreichte er die Wüste im Süden und durchquerte sie. Und er glaubte, durchquert zu haben, und irrte lange in ihr umher. Und fand die Ränder nicht mehr der Wüste und war verloren. Und ihn dürstete. Und er hungerte. Bis er fiel und blieb liegen.

Da wusste er, jetzt geht's nicht mehr lange. Und er versuchte zu beten. Besaß aber nicht mehr die Kraft, die Worte zu erinnern, in deren Netz es einst hing, das Gebet.

Und so mit allen Gebeten.

Alle Namen für alles: zerstoben, kaum wollte er sie ansprechen. Kaum sah er das Wort vor sich, war's schon zerstoben. Nur die Buchstaben noch, die erinnerte er. Die des Wortes verwaist waren, die im Zerstieben der Wörter Versprengten selbst, die erinnerte er.

Und er sprach die Buchstaben aus, nacheinander.

Er betete sie.

Betete jeden Buchstaben von Abend bis Morgen.

Betete 22 Tage lang, bis zum Tag *Taw*.

Manche aber sagen, es waren Stunden, 400 Stunden, die er betete, ohne zu zählen. Und ohne Ordnung. Was immer ihm vor Augen kam, betete er. Und heiligend sprach er aus, aber ohne Kraft zu verstehen, was er redete, die Namen eines jeden, das ihm vor Augen trat. Andere behaupten, 22 Jahre gingen vorüber, bis er einhielt. Nach dem *Schin* plötzlich einhielt.

Verstummte.

Denn einst – wie viel Zeit auch verstrichen sein mag bis dahin – hörte er Flüstern bei mondheller Nacht. Ob im Leibe oder ob außer dem Leibe, er wusste es nicht, Gott weiß es. Saulus aber hörte ein Flüstern, ein Zischen, das er verstand. Es sprach:

»Die Wüste der Söhne Esaus ist es, durch die du geirrt bist, in der du liegst, betest, heiligst den Sand der Amalekiter.«

Da ergriff ihn, trotz seiner Todesschwäche, nochmals heftige Furcht, in die Hände der Amalekiter, des großen Feinds der Israeliten zu geraten. Und Saulus raffte sich auf und erklomm die Düne, vor der er zusammengebrochen war.

Da, vom Kamm aus im Mondlicht, zwischen den Myrten des Talgrunds sah er's.

Das schwarze Pferd.

Es ruhte mit untergeschlagenen Läufen und schlief auf Gras, das hier wuchs, schlief am Bach, der hier floss.

Und als er sich näherte und wollte knien vor es hin, sah er zu Häupten des Schlafenden liegen: die Schlüssel zum Paradies.

Und ihm ward schwarz vor Augen.

***

Vera legte das Manuskript zur Seite.

»Ufff …!«

Eine Weile lang sagte keiner ein Wort.

»Wir haben noch eine Geschichte«, sagte Vera. Und zu Wyatt: »Du bist dran.«

»Moment mal. Nicht so schnell.«

»Nicht, dass du gleich beginnen sollst. Ich wollte ja nur …«

»Man kann das ja mal auf sich wirken lassen.«

»Was bedeutet diese Legende von Paulus? Ich weiß ja so gut wie nichts von ihm«, sagte Ava.

»Die muss ich doch jetzt nicht auslegen, oder?«

»Doch, für mich schon.«

»Lass sie doch erst mal auf dich wirken.«

»Aber sie ist so geheimnisvoll.«

»Also wirkungsvoll. Du kannst nur nicht gleich sagen: Weiß ich, das ist ja X oder Y.«

»Die Leute halten das Geheimnis ja nicht aus. Weil sie es als Niederlage empfinden«, sagte Wyatt.

»Würde ich zustimmen.«

»Sie wollen sofort die Auflösung. Durchblick. Kontrolle.«

»Letztlich ist das der Machtkomplex, der sich sofort meldet. Das Geheimnis wissen will, den Namen. Damit Macht haben will über etwas.«

»Rumpelstilzchen. ›Ach wie gut, dass niemand weiß …‹«

»Ja. Sobald der Name von anderen gewusst wird, hat der andere Macht über ihn. Sein Geheimnis ist aufgebrochen. Das Wesentlichste – das, was im Namen lag, – ist zerstört.«

»Oder die Leute, die – sagen wir, im Museum – nicht vor einem Bild stehen können, ohne nach dem Kärtchen zu schauen. Nach dem Titel des Bilds, dem Namen des Künstlers, seinen Daten. ›Ach so, das soll die Verkündigung sein. Die hat er aber schnell hingekritzelt, der … Rembrandt. Immerhin Rembrandt.‹ Oder du hörst sie sagen: ›Ach so, jetzt versteh ich, das ist der, bei dem die Leute immer fliegen.‹ Wenn du die Kärtchen davontragen, aus dem Museum entfernen würdest, würden die Leute verrückt werden. Sie würden nach drei, vier Bildern schon, völlig entmachtet, den Saal verlassen. ›Was ist denn das? Man weiß ja überhaupt nicht, was das ist? Wo kommt das denn her?‹ Ich übertreibe, aber – «

»Und mit so jemandem vergleichst du mich jetzt?«, sagte Ava pikiert.

»Nein, nein, ich habe nur – das fiel mir nur gerade so ein.«

»Also sagst du mir nicht, was die Geschichte bedeutet?« fragte Ava nochmals.

»Sie geht dir offensichtlich nach.«

»Na ja …«

»Sie verfolgt dich ein wenig. Vielleicht wie der Saulus, der zukünftige Paulus, seinen Jesus-Jünger verfolgt, den er fassen will. Der will ja auch dessen Geheimnis. Und stößt dabei vielleicht auf ein noch größeres Geheimnis.«

»Das Grab, das Jesus-Grab, in dem das Mädchen liegt?«

»Die tote Jungfrau.«

»Geht das in die Richtung von … Naja, ich sage mal: von Paulus' Problem mit den Frauen, mit dem Weiblichen?« fragte Wyatt.

»Fände ich schon mal eine interessante Richtung, in die du da gehst. Da könnte man weitermachen. Aber nicht heute. Warte ein wenig.«

»Also im Sinne der zweiten Lese-Haltung, von der du sprachst.«

»Ja, auch das. Im Übrigen ist genug da, in der Geschichte bereits vorhanden, um dem Geheimnis näher zu kommen.«

»Ich muss kurz bei John anrufen«, sagte Ava. »Er hat mir vorhin was geschickt. Die *containment*-Zahlen zum Feuer, die Richtung und Stärke der Winde im Moment. Aber was heißt das? Mein Gott, ist sein Haus in größerer Gefahr als heute Mittag? Ist meines dran und drauf, in Flammen aufzugehen? Was sollen diese Zahlen? Und er spricht überhaupt nie davon, wie es ihm geht. Ich mache mir Sorgen um ihn.«

Sie war von der Liege aufgestanden, blickte immer wieder aufs Handy. Jetzt hatte sie Verbindung. Sie ging ins Wohnzimmer. Wir hörten sie leise reden. Mit leiser, liebevoller Stimme ein langes

»Heeeey …«

»Meine Träume in den letzten drei Tagen …«, meinte Vera, »sind übrigens auch ›ufff‹!«

»So rätselhaft wie die Paulus-Legende?«

»Ganz ähnliche Riesen-Brocken … Kaum zu tragen.«

»Ich hatte ihr den mit der Götterdämmerung erzählt«, kommentierte Wyatt.

»Nein, ich meine nicht *deinen*. Entschuldige mal. Ich rede von *meinen* Träumen.

»Was hast du denn geträumt?« sagte ich.

»Ja, was denn?«

»Du meinst immer, es geht um deine Sache. Um deine Übersetzung. Um deinen Traum. Um deine –«

»Bitte, sag doch – «

»Also den heute Morgen fand ich wirklich befremdlich. Schwer. Obwohl. Im Traum selbst schien mir ja alles richtig so. Mir war sogar wohl. Ich war fasziniert von … – das hört sich jetzt komisch an … –

»Sag doch …!«

»Bitte, hetz mich nicht!«

»Ich sag doch nur. Was bist du denn so gereizt auf einmal?«

»Es ist *mein* Traum …«

»Ich sage ja gar nichts.«

»Also in dem Traum von heute Morgen, da sitze ich an einer Art abendmahlslangem Tisch. Ich und … drei, vier weitere, würde ich sagen. Der Tisch stand auf einem Podest. Vielleicht einen Meter vom Boden. Alle aßen von Tellern. Nur ich … ich hielt, halb unterm Tisch, ich hielt mit beiden Armen … ich kann's nicht völlig umfassen … ich halte ein schweres, riesiges Echsenauge.

»Ein Echsenauge …?«

»Ja, oder Drachenauge, oder Schlangenauge. Denn an den Rändern dieses Auges waren noch Reste von Echsenschuppen zu sehen. So sägezahnzackige Reste des Panzers. Das Auge selbst war goldgelb. Und ich sollte es essen. Der Gedanke war zunächst ekelhaft. Auch weil ich befürchtete, dass es wie Eigelb ausquillen könnte, sobald ich reinbeißen würde. Aber ich biss dann doch zu – dabei immer halb unter den Tisch gebeugt, es mit beiden Armen zu halten. Das Auge war fest genug, dass ich davon essen konnte, ohne ›zu bröckeln‹, wie meine Mutter gesagt hätte. Und es schmeckte auch irgendwie gut. Fremd, aber gut. Im Traum war mir bewusst, dass ich alles, was dieses Auge gesehen hatte, dieses uralte Auge des Drachen, mit dem Essen jetzt in mich aufnehme. Alles, was das Auge je erblickt hatte … Aber zu welchem Zweck? Was ist das?«

»Wir hatten's ja vorhin schon davon.«

»Ja, beim … bei diesem Mondfisch in *La Dolce Vita*. Das hat mich beim Vorlesen auch an den Traum erinnert.«

»Und du hast schon recht, wie dein Traum sagt: Du sollst es in dich aufnehmen, dieses riesige goldene Echsenauge. Das Abendmahl ist ja assoziiert«, sagte ich.

»Ist es das?« fragte Wyatt.

»Sie sprach von einem ›abendmahlslangen Tisch‹. Das sagt man nicht gerade so. Das wäre also halbbewusst assoziiert. Im Übrigen: Alle Träume vom Essen, Essen am Tisch oder bei anderen Gelegenheiten … – wiederhole ich mich jetzt? – sind ja *coagulatio*-Träume. Etwas soll aufgenommen werden, damit es uns anverwandelt wird, sich in uns, in unserem Leben – also auch im äußeren Handeln – verfestigt, koaguliert. Es wird bestimmt, konkret, fest, bleibt nicht länger fremd oder vage oder nicht zu uns gehörig. Sondern *wir* sind das jetzt, es ist ›festgeworden‹ in uns, wird konkret in uns gelebt. Edinger, Diannes Mann, sprach vom *banquet*-Archetyp. Ein Bekannter in Deutschland träumte vor kurzem, sein Chef – mit dem er Probleme hatte –, habe ihn zu sich nach Hause eingeladen und ihm eine Schnecke vorgesetzt samt Schneckenhaus, an dem noch Gras und Erde hingen. Ekelhaft, fand er natürlich. Zur Schnecke fiel ihm nur ›langsam‹ ein. ›Langsam wie eine Schnecke.‹ So sei auch sein Chef. ›Der handelt einfach nicht‹, sagte er, ›ein Lahmarsch.‹ Der Traum aber sagt, dass er, der Träumer, genau das ›schlucken‹ soll, wie man sagt. Essen soll. Genau diese Langsamkeit soll er in sich aufnehmen, koagulieren, verwirklichen. Man kann in der Regel davon ausgehen, dass, was immer in Ess-Träumen auf unserem Teller liegt, gegessen, eingenommen, in diesem Sinne verwirklicht werden sollte.«

»Der soll dann also auch zum Lahmarsch werden, dein Träumer?« lachte Wyatt.

»Nein, der Traum sagt ›Iss das!‹ zu ihm, um damit seiner überzogenen Eile entgegenzusteuern. Kompensiert wird seine Hast, seine Meinung, er müsse die Dinge immer sofort, immer jetzt haben. Im Alltag lässt er nämlich nichts reifen. Er hebt zu schnell ab. Es geht also um die Entstehung, die Verwirklichung einer psychischen Qualität in ihm, die den Dingen ihre Zeit gibt zu reifen, ruhig und bescheiden, erdverbunden, und dabei durchaus realistisch. Diese neue Eigenschaft in ihm würde durch das symbolische Essen der noch erdig-erdverhafteten Schnecke gefördert. *Das* steht jetzt auf dem Menü, sagt das Unbewusste zu diesem Träumer.«

»Aber in meinem Traum, was hieße das, dass …«

»Dein Traum ist ein archetypischer Traum. Das Echsenauge stammt ja nicht aus deiner persönlichen Erfahrung, aus dem persönlichen Unbewussten. Du sagtest: Echse, Drache, Schlange … in den *Verwaisten* wurde eigentlich schon davon gesprochen. Im Zusammenhang mit dem Fisch-Monstrum und dem Leviathan, den Gott in jener jüdischen Legende als Mahl am Ende aller Zeiten den Gerechten auftischt. Was du da hältst, dieses Echsenauge, hat ja etwas davon, von diesem primordialen Urdrachen.«

»Mit ›primordial‹ meinst du …?«

»Wie das Wort sagt: Vor jeder Ordnung. Noch ganz roh also, urweltlich-chaotisch, vor der Entstehung des Bewusstseins.«

»Und das müsste ich essen?« fragte Vera.

»Essen hieße ja, einen Aspekt davon zu verwirklichen«, sagte Wyatt.

»Richtig. Du sagst ja, im Traum war dir, als würdest du mit dem Drachenauge alles essen, was es gesehen hatte.«

»Ja, aber was ist das?«

»Vielleicht etwas vom Urgrund, aus der Zeit *vor* dem Bewusstsein eben, aus zeitloser Zeit quasi. Ich weiß es nicht. Du musst ihn zirkumambulieren, so einen Traum.«

»Was meinst Du?«

»Ihn bebrüten. Ihn malen zum Beispiel.«

»Und das Goldgelbe des Auges?«

»Ja, das Gold. Im Ungeheuer, in der Schlange, oder im Drachen – da liegt ein höchster Wert. Sagen die Bilder der Märchen,

Legenden, aber auch der Bibel. Die ›Hure Babylon‹ zum Beispiel – in der Offenbarung des Johannes – sitzt auf so einem Tier-Drachen, den goldenen Becher ihrer Gräuel in der Hand. Da hast du die Gegensätze beisammen, in eins gefasst: einerseits Gold, das den höchsten Wert symbolisiert –, andererseits die Gräuel. Psychologisch wiese das Gold auf das Selbst, den psychischen Kern, der gleichzeitig alles umfasst, höchsten Wert, theologisch auf Gott. Gott, der die Gegensätze enthält. In *diesem* Sinne, würde ich sagen, ist das Auge des Monstrums, deines Drachens: goldgelb. In diesem Sinn ist es auch wahrhaft Gottesspeise, der *cibus immortalis*, unsterbliche Speise, wie man die Hostie beim Abendmahl bezeichnet. Und in deinem Traum ist es ja ein ›abendmahlslanger‹ Tisch. ›Zeitlose Sicht‹ … vielleicht stünde das Auge für so etwas. Weißt du, wie wenn man sagt, etwas sei *sub specie aeternitatis* zu betrachten, also ›unter dem Gesichtspunkt der Ewigkeit‹. Also *nicht* des Vergänglichen. Nicht als vergänglich zu betrachten. Wir sehen die Dinge normalerweise ausschließlich unter diesem Aspekt: ›Alles ist vergänglich.‹ Das Unbewusste könnte mit dem Symbol des Echsenauges, das gegessen, anverwandelt werden soll, vielleicht gerade diesen Aspekt wieder in Sicht rücken. Dass es nicht nur Vergängliches gibt. Gerade das Unfassbare, das nicht Anschauliche, das Ewige wird dir in deinem Traum ja fassbar gemacht, indem du das Echsenauge umfasst, seine in zeitloser Zeit gesehenen Bilder, Urbilder, archetypischen Bilder – vom Auge aufgefangen, in seiner Sicht – als essbare ›konkret‹ in dich aufnimmst, sie zu verdauen, sie an dir teilhaben zu lassen und sie von nun an als einen Teil von dir zu verstehen. Also auch praktisch, sie im Alltag zu leben, diese Sicht. Zum Beispiel eben, indem du die Tatsache nicht vergisst, dass es neben der Realität draußen auch eine innere Realität gibt, die Wirklichkeit des Unbewussten, in dem die Gesetze, die sonst gelten, die Gesetze von Raum und Zeit, ja aufgehoben sind. Aber weißt du, so ein Traum wie deiner, an dem wir hier deuten … In seinem archetypischen Gehalt, in seiner Symbolik, geht er ja wirklich über das Persönliche hinaus. Und nur insofern ist er auch hier diskutierbar, als Bild. Es würden aber auch, wenn du genauer hingehst, darüber brütest, persönliche Assoziationen dabei wachwerden. Dinge, die du zunächst vielleicht gar nicht wagen würdest, damit in Verbindung zu bringen. Die sollten aber nur unter vier Augen besprochen werden. Während der andere, der zeitlose Aspekt, das archetypische Bild, auch für die Allgemeinheit von Wichtigkeit wäre. Nicht nur für dich persönlich. Zum Beispiel ist das ja der kollektive Standpunkt, nach dem wir alle leben: der einer Vergänglichkeit. Wir sagen, wir ›sind nichts‹, werden wieder zu Staub. Also sind wir nichts. Wir sollten uns nur nicht einbilden, dass da was wäre. Aber es *ist* uns nun mal – ja, ganz wörtlich – etwas ein-gebildet. Das Bild haben wir uns nicht eingesetzt. Dieses Bild von der Ewigkeit zum Beispiel. Oder vom ›Einen‹ – dass alles aus Einem gekommen sei. Woher kommt denn so eine Idee?«

»Eine Projektion.«

»Ja, aber – woher? Wer oder was hätte die injiziert? Es gibt nur das Viele, *the multitude of things*. Das ist das, was wir sehen. Im Alltag, wohin wir auch blicken. Woher kommt die Idee, es käme alles aus Einem? Oder dass es ein Ewiges gäbe. In der fassbaren, äußeren Realität gibt es das nicht. Alles scheint vergänglich. Aber im Unbewussten wird darauf insistiert, feinfühlig, mit unfassbarer Weisheit – und einer Seelengeduld. Das muss man bedenken, wenn man die Psyche für nichts erklären will.«

Ava war auf die Terrasse zurückgekehrt. Sie hielt noch ihr Handy, blickte es an, als sei da jemand zu sehen.

»Ich glaube, nachher muss ich los. Ich muss zu John fahren. Ich muss sehen, dass ich durchkomme.«

»Sieht es denn besser aus?«

»Ja, im Moment.«

»Aber für die letzte Geschichte hast du noch Zeit?«

»Ja, sicher. Ich will das Ende noch hören.«

»Du kennst es eigentlich schon. Es ist eine Erinnerung an die Zeit, als wir vor Jahren – wir vier – bei Vera und Wyatt noch Geschichten vorlasen. Es ist eine Nachzeichnung eines solchen Abends.«

»Eine Hommage an uns?«

»An diese Abende. Die hab ich nicht mehr in Deutschland. Diese Terrasse gibt's dort nicht.«

»Und was hätte es mit Dianne zu tun? Als letztes Stück?«

»Inhaltlich? – Ihr werdet sehen. Rein geographisch: Einiges davon spielt dort drüben, auf der anderen Seite der Marina, wo die fernen Stege liegen. Also auf Diannes Seite. Aber damals kannte ich sie noch nicht. Auch das Haus, in dem sie nach Edingers Tod wohnte, stand noch nicht da. – Wyatt, liest du?«

Wyatt nahm das Manuskript zur Hand.

»Ich hab schon mal reingeschaut«, sagte er. »Es handelt von jenem Abend, als wir Thornton Wilders Die *Brücke von San Luis Rey* ausgelesen hatten. – Wir kommen tatsächlich alle darin vor.«

»Wie herrlich peinlich!«, rief Ava und lachte. »So herrlich und peinlich wie alte *home movies* wahrscheinlich.«

»Jetzt lies schon«, sagte Vera.

DAS OPFER

»Lies mir doch die letzten Zeilen der Wilder-Geschichte noch mal vor«, sagte Ava.

»Wilder soll das Buch mit neunundzwanzig Jahren geschrieben haben«, meinte Vera, die gerade nachgesehen hatte. »Inspiriert, heißt es hier, von einem Jesus-Zitat im Lukasevangelium 13,4. Moment mal, kann auf den Vers klicken:

Jene achtzehn Menschen, die beim Einsturz des Turms von Schiloach erschlagen wurden – meint ihr, daß nur sie Schuld auf sich geladen hatten, alle anderen Einwohner von Jerusalem aber nicht?«

»Und?« fragte Wyatt.

»Und?«

»Den nächsten Vers, bitte.«

»Moment ... *Nein, im Gegenteil: Ihr alle werdet genauso umkommen, wenn ihr euch nicht bekehrt.«*

»Sagt wer?«

»Sagt Jesus.«

»Na also! Von wegen Liebe. *Bekehrt euch, oder ihr kommt alle um!«* meinte Wyatt.

»Du nimmst das wörtlich?«

»Wie denn sonst, bitte? Das sind doch Drohungen, die – «

»Aber lasst doch jetzt! Lies mir die letzten Sätze bei Wilder noch mal vor«, bat Ava, »das Ende.«

So ging es schon eine Weile zwischen uns hin und her. Es war kurz nach Mitternacht, aber immer noch warm genug draußen.

Knapp sechs Stunden zuvor hatte Wyatt begonnen, uns *Die Brücke von San Luis Rey* vorzulesen. Auf seiner Terrasse am Segeljachthafen von Marina del Rey. Dann hatte ein Stromausfall unseren Leseabend unterbrochen. Die Lichter gingen zwar nach zwei, drei Stunden wieder an, auch die Jachten und Motorboote in ihren *slots* längs der Stege und die Hochhäuser jenseits der Marina leuchteten wieder auf und spiegelten sich im Wasser, aber wir vier kümmerten uns nicht darum und beließen es bei den Kerzen, die neben Wyatts Lesesessel brannten.

Wyatt schlug das Buch wieder auf und las Ava nochmals das Ende vor:

»*But soon we shall die …*«

»Hatten wir das nicht gerade: *Ihr alle werdet genauso umkommen …?*«

»Bitte unterbrich ihn doch nicht.«

«*But soon we shall die …* Aber bald werden wir sterben und damit alle Erinnerung an jene fünf von der Erde verschwunden sein, und auch wir werden eine Weile geliebt, dann vergessen sein. Liebe allein aber wird genügen; wo immer unter Menschen Liebe sich regt und wirkt, kehrt sie im letzten zur Liebe zurück, die sie schuf. Selbst Erinnerung ist nicht nötig zur Liebe. Es gibt ein Land der Lebenden und ein Land der Toten, und die Brücke ist Liebe, nur über sie kommt die Rettung, nur sie gibt uns Sinn.«

»Das ist großartig«, sagte Ava.

»Dass er die Liebe als Brücke sieht?« fragte Vera.

»Dass er sagt: Nicht mal Erinnerung ist notwendig.«

»Würde ich widersprechen. Erinnerung ist sicherlich notwendig. Wer liebt, erinnert. Hat dir Susan mal von ihrer Mutter erzählt? Die hat ihre Tochter beim letzten Besuch nicht mehr erkannt. Eine Fremde. Ohne Erinnerung geht gar nichts. Auch nicht die Liebe.«

»Aber das meint Wilder hier doch gar nicht«, sagte Wyatt.

»Sondern?«

»Wenn jemand liebt, ist das unabhängig von Zeugen. Unabhängig davon, ob man sich an dich oder an deine Liebe in zehn oder zwanzig Jahren noch erinnert. Selbst wenn sich auf dieser Erde keiner mehr an dich erinnert, sagt Wilder, ändert das nichts an der Tatsache, dass du geliebt hast. Und dass die Liebe, die du empfunden hast, wieder zu ihrem Ursprung zurückkehrt, ihr Ziel also erreicht. Das kann alles völlig unsichtbar ablaufen, sagt Wilder. Ohne Erinnerung, ohne Zeugen.«

»*Love comes unseen.* Liebe kommt ungesehen.«

»Sagt wer?«

»Sagt ein Sprichwort.«

»Wilders Sätze zur Liebe klingen ja sehr nach der Stelle aus dem Korintherbrief, ›Die Liebe höret nimmer auf …‹, die man bei jeder Hochzeit bemüht«, meinte Vera. »Nur, nach heller Freude klingt mir das nicht bei ihm. Es ist doch, als sage er: Weil alles sinnlos geworden ist in unserem Leben, soll ›die Liebe‹ allen Sinn tragen. Die Liebe als unsere Rettung, als einziger Sinn unseres Lebens. Eher ein Gebot, was er da als Tatsache konstatiert. Und letztlich unendlich schweres Gepäck. Viele Beziehungen zerbrechen daran. Wer kann das tragen? ›Rettung und Sinn‹ für den andern zu sein. Das ist wie … wie der Turm, der einstürzt und dich erschlägt. Ich meine: Wie lange erträgt eine das, wenn sie hört: ›Baby, du bist meine Rettung‹? Wie lange erträgt's einer, der sich einbildet: ›*I'm the one. I'm her white knight.* Ich bin der Sinn ihres Lebens‹? Eine unendliche Anforderung ist das. Der kann ja am Ende kein Mensch gerecht werden.«

»Also gibt es gar keine ›Brücke‹? Wilder fordert sie nur, wenn er sie am Ende zur Tatsache erklärt: *The bridge is love.*«

»Aber diese Forderung ist doch so voller Bedauern«, sagte Ava. »Hört ihr das nicht? Es ist wie in seinem Theaterstück *Unsere kleine Stadt.* Da bringt er das Land der Lebenden und der Toten auf die Bühne. George, der noch lebt, und die tote Emily … – «

»Die hast du doch mal gespielt«, sagte Vera. »Wyatt, erinnerst du dich? Ava hatte uns zur Premiere im … war's nicht im *Theatre West* eingeladen? Und dein verdammtes Auto sprang nicht an und – «

»Der gute alte Buick.«

»Entschuldige, hab dich unterbrochen.«

»Die tote Emily weigert sich, ihr Leben zu vergessen. Man erlaubt ihr, einen Tag lang zurückzukehren ins ehemalige Leben. Und in der kurzen Zeit, die sie so nochmals erlebt, wird sie überwältigt. Von diesem Bedauern. Denn sie sieht: Wir leben, als lebten wir nicht. Als wüssten wir nicht wirklich …, was wir am Leben haben. An jedem einzelnen vergessenen Augenblick.«

»Aber genau da wäre doch Sinn, finde ich«, sagte Wyatt. Dieses dazugewonnene Bewusstsein wäre doch schon ›genug‹. Was die Äbtissin Maria bei Wilder gegen Ende des Buchs dachte, was Emily sah – oder was du *als* Emily sahst –, was Wilder mit seiner Geschichte vor Augen führt, kann niemand ungesehen machen. Es wird wachsen, ein Stück neues Bewusstsein, im einen oder anderen. Gib ihm Zeit.«

»Sagst du: Die Brücke ›ist‹ zwar noch nicht, aber sie ›wird‹, sie wächst?« fragte Vera.

»Ich meine, Sinn wird uns nicht gegeben, nicht geschenkt, sondern nur durch Niederlagen unseres Willens gewonnen. Leid und Bewusstwerdung gehören zusammen. Das wäre die *message*. Du ringst darum mit dem Leben.«

»Und die Liebe?« sagte Ava. »Gebt zu, die habt ihr jetzt einfach verschwinden lassen …«

Ich hatte den Freunden zugehört, war aber immer wieder von Erinnerungen abgelenkt worden. Bruchstückhaft waren sie bereits während Wyatts Lesung erschienen, von der einen oder anderen Wendung beharrlich aufgerufen. Avas letzte Bemerkung hatte wieder daran gerührt. Da gab ich nach und sagte:

»Mir fiel vor ein paar Stunden – als die Lichter in der Marina wieder angingen – schlagartig ein: Da drüben, am aufscheinenden Ufer, dort bei den Anlegeplätzen, war ich mal verliebt. Lebensgefährlich verliebt.«

»Wo, da drüben?«

»Auf der anderen Seite des Hafenbeckens, uns genau gegenüber. Wo die Stege und Jachten vom Marina Club liegen. Da lag das Hausboot vor Anker. Sagt man ›Hausboot‹? Es war eigentlich eine Jacht, auf der Sharons Stiefvater permanent wohnte.«

»Wann war das?«

»Müsste Januar '76 gewesen sein. Ich war zweiundzwanzig damals, noch Student am *Cinema Department* der Uni und gerade nach Los Angeles zurückgekehrt. Ich hatte meine Eltern in Deutschland besucht und dabei einiges erlebt, von dem ich Sharon gleich nach der Ankunft erzählt habe. Ich bildete mir damals ein, sie hätte sich eigentlich erst während dieses lebhaften Berichts so richtig in mich verliebt, und glaubte, es sei der Inhalt des Geschilderten, der sie sichtlich bewegte. Erst später wurde mir klar, dass das ungläubige Erstaunen in ihrem Gesicht schlicht meiner Rückkehr galt. In ihren Augen war ich, als ich nach Deutschland zu meinen Eltern flog, in einen Abgrund hinein verschwunden. Ein wunderbarer Held jetzt, lebendig daraus zurückgekehrt zu sein. Zu ihr.

In jener ersten Nacht meiner Rückkehr hatte ich einen seltsamen Traum. Ich sah einen tiefen Erdriss, der meinen Weg kreuzte, und wusste nicht, wie ich über ihn hinwegkäme. Da tauchten aus dem Halbdunkel zwei Katzen hervor. Sogleich streckten sie sich, die Tiere, und überspannten mir hilfreich den Abgrund. Noch zögerte ich vor dem Schritt. Da krümmten sie – mich zu ermutigen – bogengleich ihre Rücken. Zuletzt sah ich mich, wie im Mahnbild einer Moritat, als Schattenriss den ersten Schritt auf ihren Steg wagen.

Am Morgen darauf traf Sharon sich zum Frühstück im Beverly Wilshire Hotel mit ihrer Mutter.

Ich musste mit, denn jetzt wurde es ja offiziell: Wir würden zusammenziehen. Ihre Mutter hatte keinerlei Einwände. Im Gegenteil. Auch sie, die ich nie zuvor gesehen hatte, schien froh und irgendwie ungläubig erstaunt, mich neben ihrer Tochter sitzen zu sehen – als wär ich ein totgeglaubter Verwandter, hätte im Bauch des Wals überlebt und, wider Erwarten, in die Zivilisation, die Welt der Lebenden, die *U.S. of A.* zurückgefunden.

Sie bedauerte, dass Saul sie nicht zum gemeinsamen Frühstück begleiten wollte. Erst heute Morgen habe er erfahren, dass ins Boot der Nachbarn eingebrochen wurde. Geld und Schmuck seien geraubt worden, das Ehepaar aber verschont geblieben. Denn die hätten gerade ein paar Tage bei Enkelkindern in San Diego verbracht. Was für ein Glück! Es sei dann allerdings zu einem kleinen Krach zwischen ihr und Saul gekommen. Dabei habe sie lediglich gesagt: ›Und wenn *uns* das passiert wäre? Was hättest du gemacht?‹ Saul krame seither fluchend in den Kajütkästen nach irgendeinem alten Armee-Revolver.

›Er lässt sich also entschuldigen …‹, lachte sie. ›Aber er will euch natürlich beide sehen, dich kennenlernen.‹ Sie lud uns ein, doch morgen zu ihnen aufs Boot in die Marina zu kommen.

›Auf ein paar Cocktails!‹

Am nächsten Tag während der Fahrt erklärte mir Sharon, ihre Mutter habe vor ein paar Jahren ihren Stiefvater, Saul, einen *nice Jewish gentleman*, kennengelernt, und weil der sein Boot nicht verlassen wollte, wohnten sie jetzt gemeinsam auf seiner Jacht. Früher seien sie noch ab und zu rüber nach Catalina gesegelt oder hätten auf offener See übernachtet.

An jenem Nachmittag kamen wir spät in der Marina an, parkten, fanden schließlich den Steg, und – Sharon deutete auf das letzte Boot rechts am Ende der Anlegeplätze – näherten uns der Jacht.

Ihre Mutter winkte, als sie uns sah. Hinter ihr stand ein hochgewachsener, drahtig-schlanker, älterer Mann, der sich am Segel zu schaffen machte.

Saul.

Er trug einen angegrauten Backenbart und schütteres, schwarzsträhniges Haar, über das er eine abgenutzte Kapitänsmütze zog, sobald er uns bemerkte. Unter den Backenknochen verlief die Haut hohl gespannt. Als ließe man ihn hungern, dachte ich.

Sharons Hand glitt übers Geländer eines kleinen Brückenstegs, den er vorsorglich angebracht hatte, um die wenigen Schritte vom Steg auf das Deck seiner Jacht zu erleichtern. Während sie ihre Mutter umarmte – ich war gerade auf die Brücke getreten –, warf mir Saul einen Blick zu, der sagte: Du bist hier nicht willkommen.

Mir war klar, warum der Mann am Vortag nicht zum Frühstück mit Sharons Mutter erschienen war. Jetzt zwang ihn die Rücksichtnahme auf Frau und Stieftochter, mich, den Deutschen, an Bord zu lassen. Mich auch noch zu bewirten!

Ich wich Sauls Blick aus, als hätte ich besonders auf die nächsten Schritte vor Erreichen des Decks zu achten. Der Steg, auf dem mich sein Blick getroffen hatte, formte einen kleinen Bogen.

Ein gekrümmter Katzenrücken, dachte ich, und das Traumbild stand wieder vor mir.

Sharons Mutter sagte, Saul sei nur übler Laune, weil sie sich geweigert habe, ihn die Cocktails, die sie für uns alle gemixt hatte, vorab kosten zu lassen. Als sie uns dann an Deck *margueritas* reichte, sah ich Saul, der sich mit abgewandtem Rücken aus dem großen Mischkrug selbst eingoss.

Wenig später war es windiger geworden. Es wird kurz nach Sonnenuntergang gewesen sein, als wir Sharons Mutter durchs Schiebeluk nach unten folgten, uns an den Handläufen der Stufenleiter hielten und in die Kajüte hinabstiegen.

Es war, als seien wir, nur fünf Stufen tiefer, in eine Höhle gelangt, in deren halbdunklen Nischen, schattenverworfenen

Schränken und Ecken, Saul alles, was sein Leben ausmachte, hineinversammelt hatte.

In einer Ecke, in der es nach Öl roch, stapelten sich ein paar durchkramte Schubladen mit Lederzeug und einem alten Revolver, über den Saul rasch ein Handtuch breitete.

›Na, was gefunden?‹, fragte Sharons Mutter beiläufig.

Saul tat, als habe er die Frage nicht gehört. Ich glaubte zu wissen, wozu ihm das ölfleckige Tuch da diente. Er wird gerade seine Waffe darauf auseinandergenommen und gereinigt haben. Ich warf Sharon einen Blick zu, den sie aber missverstand. Die Unordnung in der Ecke war mir egal. Die *gun* dagegen, die sie nicht bemerkt hatte, erinnerte mich an eine Preview von *Taxidriver*. Sharon und ich hatten den Film Tage zuvor auf dem Uni-Campus gesehen. Travis Bickle, schien mir, ölte seine Waffe vor größeren Vorhaben auf so einem Tuch.

Wir setzten uns, auf engem Raum, an einen schummrig beleuchteten Tisch, auf drei Seiten umbuchtet von gepolsterten Sitzbänken. Ich nahm neben Sharon Platz, die aber nun auf die etwas längere Bank zu ihrer Mutter rückte, so dass Saul, der als letzter hinzutrat, mir unmittelbar gegenüber zu sitzen kam.

Als wolle er verhindern, dass sich unsere Beine unterm Tisch zufällig berühren, streckte er die langen Glieder neben den Tisch in den Durchgang, der zu den Schlafkojen führte.

Sharons Mutter füllte unsere Gläser immer wieder mal nach, aber die Stimmung schien sich hier unten kaum zu bessern. Obwohl ich einmal – vielleicht in übertrieben schwärmerischem Ton – lobte, wie *movie*-trächtig hier das Licht der Deckenlampe, ihr Schein durchbrochen von querhängenden Netzen, auf unseren Tisch und unsere Gesichter fiel, und wie herrlich die langgezogenen Licht-und-Schatteninseln gespiegelten Wassers über die niedrige Kajütdecke hinglitten.

›In einem *noir movie* aus den vierziger Jahren hätte's Stanley Cortez nicht besser einleuchten können‹, behauptete ich und erklärte Sharons Mutter, die bemüht interessiert schien, dass man das Lichterflirren auf Booten, vor allem aber beim Drehen im Innern von Kajüten, erzeugt, indem man einen Spiegel zerbricht. Die Scherben legt man dann in ein flaches Wasserbecken, das angestrahlt wird und bewegliches Licht-und-Schatten-Spiel auf die Decke projiziert.

Sharons Mutter wollte wissen, warum der Spiegel denn zerbrochen werden müsse. Ihre Frage stand noch im Raum, als Saul mich zum ersten Mal ansprach:

›Cortez? Den kenne ich nicht.‹

Ich sagte: ›Das ist ein alter Hollywood-Kameramann, den ich bewundere. Berühmt für seine tiefenscharfen Schwarzweißfilme aus den Vierzigern, *Der Glanz des Hauses Amberson* etwa, *Shock Corridor* in den Sechzigern. Arbeitet heute noch. *Die Brücke von Remagen*. *Chinatown* … Na ja, Polanski hat ihn nach ein paar Wochen gefeuert, weil er ihm nicht schnell genug arbeitete.‹

›*Chinatown* …‹, sagte Saul und wandte sich dann an Sharons Mutter, ›den haben wir doch zusammen gesehen. Was für ein Mist. Weißt du noch, worum's ging?‹

Sharons Mutter wusste es nicht mehr, und Sharon, die fürchtete, das Gespräch würde gleich wieder ins Stocken geraten, meinte: ›Du musst Saul erzählen, was du bei deinem Trip in die Schweiz erlebt hast …‹

›Du warst in der Schweiz?‹ fragte Saul.

›Ja. Ich flog zunächst nach Deutschland und reiste dann meinen Eltern nach, die gerade in Gstaad Ferien machten. Das war vor ein paar Wochen, kurz vor Neujahr. Ich erklärte ihnen, dass ich früh am ersten Tag des neuen Jahrs den Zug nach Vevey nehmen würde.‹

›Nach … wohin?‹, fragte Sharons Mutter.

›Vevey, das liegt am Genfer See. Ich hatte mir vorgenommen, Chaplin zu besuchen, weil –‹

›Charlie Chaplin?‹

Saul tat, als habe er falsch gehört.

›Ja. Weil ich wusste, dass ich ihm in diesem Leben – schon rein geographisch – nie mehr so nah kommen würde. In meinen Augen gibt es keinen größeren Filmemacher als ihn. Ich war natürlich aufgeregt, ungeduldig, mir schien die Zugfahrt, die endlos vielen Stationen, bis ich Vevey erreichte –‹

›Moment mal‹, unterbrach Saul. ›Du … du bist da wirklich hin?‹

Ich glaubte, Saul zum ersten Mal lächeln zu sehen. Ein ungläubiges Lächeln, als säße er einem Aufschneider gegenüber, unterhalten und gar nicht abgeneigt, mehr zu erfahren.

›Bis nach Vevey sind's mit dem Zug nur zwei Stunden‹, sagte ich und sah Saul fest dabei an. Als hätte ich ihm gerade die Fahrkarte hingestreckt, verwundert, dass er noch zögerte.

Er nahm an.

›Also …?‹ fragte Saul.

Ich begann, ihm und Sharons Mutter die ganze Geschichte mit Chaplin zu erzählen. Wie ich zunächst ganz und gar praktisch dachte und schon damit zufrieden gewesen wäre, die Hecke vor seinem Haus zu berühren. Vom Brief, den ich noch während der Zugfahrt an ihn schrieb und in einen weißen Umschlag steckte. Vom Taxifahrer, der mich vom Bahnhof in Vevey bis zu Chaplins Anwesen in den Hügeln fuhr – es war von einer Hecke umgeben – und mich vor dem verschlossenen Tor absetzte. Von der Einsamkeit der Gegend am Neujahrstag, niemand war zu sehen, das ganze Vorhaben schien mir gescheitert. Denn am Tor hatte ich keinen Kasten gefunden, meinen Brief einzuwerfen – einen Brief, in dem ich ihm über meinen Besuch im *Encore* erzählte, einem alten Kino in Hollywood, in dem ich, wenige Wochen zuvor, das erste Mal in meinem jungen Leben *City Lights* gesehen hatte, *Lichter der Großstadt*.

Ich sprach weiter: Vom Warten am Tor, von meinen Versuchen, über die seitlichen Hecken hinweg das Haus – gar Chaplin selbst – zu Gesicht zu bekommen. Erzählte, dass ich, vor dem Tor, immer noch wie auf ein Wunder wartend, plötzlich erkannte, dass es nicht verschlossen war, dieses Tor.

Ich glaubte zu spüren, dass Saul mitlebte. Dabei blieb sein Blick abwartend, herausfordernd dunkel. Als ließe er sich nicht ohne weiteres aus der Reserve locken, und doch: als solle es nur einer wagen ...

Ich fuhr also damit fort, dass Chaplins Tor nicht verschlossen war, sondern einen Spaltbreit offenstand – vielleicht weil ich mich zwischendurch an den Stäben gehalten hatte, bemüht, einen Blick aufs Haus zu ergattern ... Und wie ich schließlich meinen ganzen Mut zusammennahm, durchs Tor eintrat und, an den Büschen vorbei, zum ersten Mal alles sah: Den großen Vorgarten, die zwei geschwungenen Wege – und das Haus selbst.

Und wie ich vorsichtig auf es zuging, schuldbewusst, den Brief in meiner Hand ... Wie ich anklopfte ... und mir jemand öffnete. Eine Hausangestellte, der ich den Brief übergab. Und wie ich dann nochmals draußen warten musste, eine Stunde im wintrig verschneiten Wald auf und ab ging, in der Hoffnung, unendlichen Hoffnung, dass mein Brief an ihn weitergereicht würde, dass meine handgeschriebenen Zeilen ihm irgendwie vor Augen kämen und er mir vielleicht auf diesen Brief antworten könnte, mich gar hereinbäte zu sich, den jungen Mann zu empfangen, der ihm von der amerikanischen Leinwand bis vors Haus in die Schweiz nachgereist war. Ich erzählte ihnen alles. Alles. Also auch, dass mir Chaplins Tür eine Stunde später ein zweites Mal aufgetan wurde, Chaplins Butler vor mir stand und mich tatsächlich bat, einzutreten.

Ich hatte mein Erlebnis noch nicht zu Ende erzählt – ich glaube, es war kurz nach dem Moment, als ich vom Geschenk berichtete, das Chaplin mir übergeben ließ –, hatte also noch nicht auserzählt, als ich zum ersten Mal ein ... ein unterdrücktes Ächzen vernahm ... einen furchtbaren Klang.

Ich sah zu Saul hinüber, der zu zittern begann.

Sharon und ihre Mutter erkannten es im selben Moment.

Sauls rechter Arm, die Hand zur Faust geballt, lag auf dem Tisch und zitterte.

Er selbst sah starr hinab auf Arm und Faust, als beobachte er mit großer Furcht etwas, das unabhängig von ihm geschah. Dabei stach er mit der Spitze des Daumens mehrmals auf den eingerollten Zeigefinger der Faust hinab.

Plötzlich weinte er los.

Und ich muss zugeben, dass ich sekundenlang dachte, Chaplin, meine ganze Erzählung, die Saul zweifellos miterlebt hatte, hätte das ausgelöst. Als sei ihm dabei ein vergessen-vergrabener Lebenstraum auferstanden, von mir vorgelebt, von ihm nacherlebt, nun endlich in Erfüllung gegangen. Mehr noch. Ich war so vermessen zu denken: Chaplin habe diese höchst emotionale, alles Übliche übersteigende Reaktion durchaus verdient. Ja, ich glaubte, in Saul einen größeren Fan Chaplins vor mir zu haben, als ich es je wäre. Ich hatte zwar auch geweint, als ich das Ende von *City Lights* erlebte, hatte lange geweint, aber …

Sauls Gesicht verkrampfte sich. Ihn durchfuhr ein fiebriges Schütteln.

Seine Frau hatte sich bestürzt auf die Sitzbank gekniet und seine Schultern umfangen, ihn zu beruhigen. Sharon griff nach seiner Faust und umschloss sie mit beiden Händen.

Da ging es wie ein Würgen durch ihn hindurch. Sein Gesicht sank nach vorn, und nochmals heulte er los.

›Saul, Saul …‹, rief die Frau. ›Was ist denn? Was ist mit dir, Saul …?‹

Da kamen erste Worte aus ihm heraus. Waren es wirklich Worte? Ich verstand nichts, hörte nur kindisch-verweinte, glucksende Laute, die mir unter anderen Umständen lächerlich erschienen wären. Sharons Mutter schien sie zu verstehen oder sprach zumindest auf ihn ein, als verstünde sie.

Die Faust hatte sich kaum entkrampft, aber sie zitterte nicht mehr so stark, als Sharon einmal kurz ihre schützenden Hände abzog.

›Saul … bitte sag doch, was ist?‹

Dann brach ein Schwall von Worten aus ihm, schwer verständlich, weil halb ertränkt vom Weinen und jedes Mal zum Stocken gebracht, wenn er nach Atem rang. Aber aus diesem, jenem Bruchstück schloss ich, dass er – aus der Umarmung der anderen noch – eigentlich nur zu mir sprach. Mir begreiflich machen, mir gestehen wollte, was ihn so bewegte.

Ja, es ging einerseits um die Geschichte mit Chaplin, die ich erzählt hatte, vor allem aber darum, dass ich das als junger Mann, der ich damals war, erlebt hatte. Während er, das kam jetzt heraus, in meinem Alter …

Er murmelte: ›Zweiundzwanzig … Zweiundzwanzig … Stell dir vor …‹

Momente lang schien er ruhiger zu werden, als sähe er jenseits der geschlossenen Faust auf diese Zahl, seine Zweiundzwanzig, klar und deutlich. Dann verdunkelte sich sein Ausdruck wieder, als schämte er sich dafür, dass ihn seine Gefühle so brutal übermannten.

Wieder heulte Saul los, untröstlich, die Augen zusammengepresst, bis der ganze Arm, aufs äußerste gespannt, wieder zu zittern begann. Wieder stach er mit dem Daumen auf die geschlossene Faust ein …

›Zweiundzwanzig.‹

Auch Sharon und ihre Mutter, das sah ich, hatten noch nie gehört, was Saul da stammelnd an Worten hervorpresste, vielleicht zum ersten Mal überhaupt anderen gestand:

Dass er als junger Mann während der letzten Monate des zweiten Weltkriegs Einsätze flog über Deutschland.

›*Strafing runs.*‹

Mit den Geschützen seines Tiefffliegers hatte er auch auf Zivilisten geschossen.

›Habe mir Deutsche abgeknallt … wo ich nur konnte … Habe die Treffer mitgezählt … mitgezählt, wo ich nur konnte … Einundzwanzig hatt ich gezählt … einundzwanzig. Eines Tages flog ich tief über einer kleinen Stadt. Ich sah Leute … dabei, eine Brücke zu überqueren … Panisch rannten sie los, sobald sie mich bemerkten. Die meisten schafften es noch hinter die Pfeiler am Brückenende. Aber einer … nein, es war eine Frau … In der Verwirrung hatte sie sich ans falsche Brückengeländer hingepfercht, als käme ich nicht *hinter* ihr näher, sondern aus der entgegengesetzten Richtung. Im letzten Moment erst sah sie sich um, stand auf, sich vor mir hinab in den Fluss zu werfen. Hastig setzte sie ihr Knie auf die Brüstung, war dabei, den Körper mit beiden Armen hochzuziehen …‹

Saul sah sie noch vor sich, noch vor sich im Anflug. Die Wucht der Einschläge seiner MGs hätten …

›Ich seh sie noch vor mir …‹

… die Frau meterweit übers Geländer hinausgeschleudert und …

›Zweiundzwanzig …‹

… zerrissen.

›Zweiundzwanzig …‹

…habe er mitgezählt.

Zweiundzwanzig. Einen für jedes Jahr, das er gelebt hatte.

Das sei sein letzter Einsatz gewesen. Er habe nur noch mit Hilfe der linken Hand landen können. Die rechte umklammerte festgefroren den Steuerknüppel, der Daumen hielt starr überm Auslöser.

Eine Zeitlang … eine Zeitlang bewegte sich keiner von uns am Tisch.

Sharons Mutter hatte ihre Arme, mit denen sie Sauls krampf-
artiges Weinen beruhigen wollte, zurückgezogen, schockiert von
seiner Schilderung.

Das Licht der Lampe glänzte auf dem schweißnassen Arm, der
starr dalag, während Saul weinte.

Als sein Weinen stiller wurde, stand Sharons Mutter auf und
räumte die Gläser und den Krug und die anderen Sachen ab und
machte sich ein Weile in der kleinen Kajütküche schräg gegenüber
zu schaffen. Sharon half ihr dabei, obwohl das kaum nötig war.

Plötzlich hielt Sharon inne, trat zur Sitzbucht hinüber und
warf Sauls Kapitänsmütze auf den Tisch. So als sei sie den Frauen,
wo Saul sie abgelegt hatte, im Weg gewesen.

Wie ein dunkelfleckiges Tuch landete sie auf Sauls Faust – die
aber nicht danach griff.

Ich las die Buchstaben, die zwischen zwei kleinen Ankern, mit
Goldfaden überm Mützenschirm eingenäht waren: *MICHAL*.
Der Name seines Boots.

Nochmals kam Sharon an den Tisch, stand neben Saul, hob
die Mütze von seiner Faust und legte sie behutsam daneben.

Sie sprach: ›Warum hast du so etwas getan?‹

Saul blickte nicht auf zu ihr.

Schließlich hörte ich ihn sagen: ›*We were trained* … Es war
unsere Aufgabe.‹

Ich stand im Durchgang, weil ich die Frauen auf meiner Seite
herausgelassen hatte. Ich hatte weiche Knie, wollte mich aber
nicht wieder setzen.

Saul sah starr vor sich hin.

Endlich hörte ich Sharon, die leise mit ihrer Mutter gesprochen hatte, sagen: ›Du, wir sollten aufbrechen …‹ Und die
Stimme ihrer Mutter, die sich eine Zigarette ansteckte und Saul
zurief: ›Ich geh noch mit rauf, bring die beiden zum Wagen.‹

Da bemerkte ich, dass Sharon, die hinter ihrer Mutter die
Stufenleiter zum Deck emporstieg, ihre Handtasche in der Sitz-

bucht vergessen hatte. Statt mich nochmals zu setzen, streckte ich mich ungeschickt über den Tisch – ohne den Henkel der Tasche fassen zu können.

Sauls Linke griff nach ihr und stellte sie vor mich hin.

Ich nahm sie wortlos und ging den anderen nach. Als ich die Handläufe der Stufenleiter hielt und mit dem Bein gleich zwei Stufen nach oben nehmen wollte, um meinen Körper dann hochzuziehen, hörte ich, dass Saul hinter mir vom Tisch aufstand.

Hörte ein Geräusch.

Ein metallenes Klacken.

Das Panik auslöste bei mir, er könnte –

Ich wandte mich halb nach ihm um.

In diesem Moment hielt er. Nur drei, vier Schritte von mir entfernt.

Ohne Waffe.

Nur erstaunt über die Angst, die ihm aus dem bleichen Gesicht entgegenblickte.

Erst da fiel es mir ein: Er will sich verabschieden. Und schau mal, er beugt sich sogar herab zu mir … Er will mich umarmen.

Da fasste ich mir ein Herz, ging auf ihn zu und umarmte ihn. Umarmte ihn, weil ich dachte, er wolle *mich* umarmen. Und wie er nun spürt, dass ich ihn umarme, merke ich: Das war's nicht, das hat er gar nicht gemeint, er ist vollkommen überrascht. Vielleicht war es sein Weinen gewesen, das ihn in meinen Augen klein werden ließ, weil er dabei kindlich geworden war, aufgelöst, ohne jede Beherrschung. Ich hatte vergessen, wie groß er war, und dass die niedrige Kajütdecke ihn zwang, gekrümmt zu gehen. Als sei er im Begriff, sich zu mir herabzubeugen.

Aber jetzt, da mir meine Dummheit bewusst wurde, ich wieder losließ, jetzt greift er zu. Und ich merke, wie er den Moment erfasst, als könnte *der* ihn erlösen. Nicht loslassen! Seine Saul-Arme hielten mich fest. Und da auch ich endlich verstand, umarmte ich Saul nochmals.

Wir haben uns nicht angesehen. Und waren auch nicht gesehen worden von den beiden Frauen, die bereits von Deck gegangen waren und jenseits der kleinen Brücke am Steg warteten, bis ich nach oben käme. Ich weiß nicht, ob sie je von unserer Umarmung erfuhren.«

Wyatts Kerzen waren ausgegangen. Keiner von uns war aufgestanden, neue anzuzünden. Meine Freunde, denen ich das alles auf Wyatts Terrasse in Marina del Rey erzählt hatte, lagen noch eine Weile lang still. Bis ich Ava sagen hörte: »*Even memory is not necessary for love.*«

***

Nach der Lesung hatte mir Wyatt seinen Wagen geliehen. Ich wollte noch einmal raus. Ein paar Stunden allein sein in dieser Stadt. Vor dem Rückflug morgen.

Ich nahm Venice Boulevard nach Osten, bog dann links auf La Cienega Boulevard und fuhr auf die fernen Hügel zu. Die mitternächtlichen Straßen waren fast leer.

Die Leute schliefen oder blieben zu Hause, um den Helikopteraufnahmen im Fernsehen zuzusehen. In den Rauchwolken hinterm fernen Hügelkamm zeigten sich ab und zu Flammen. Die sähe man natürlich besser, »bewegender« aus der Perspektive des Live-Reporters, der im TV-Chopper die Brände abfährt, den Kommentar dramatisch ins Helm-Mikro brüllt.

Ein Stunde zuvor hatten wir Ava verabschiedet. Sie wollte zurück, obwohl es schon spät war und Vera und Wyatt sie baten, diese Nacht noch in Marina del Rey zu verbringen. Morgen bei Tag könne sie dann ja losziehen. Aber Ava meinte: »Die Straßen sind leer jetzt. Da komm ich viel schneller durch.«

Sie hatte Recht.

Vielleicht war es auch das Wilder-Zitat gewesen, »*Even memory is not necessary for love*«, jener letzte Satz in der Geschichte, den ich ihr gegeben hatte. Der könnte ihren spontanen Entschluss, mitten in der Nacht noch zu John zurückzufahren, ausgelöst haben. Aber hatte sie den nicht schon vor unserer Lesung angekündigt?

Es war schöner zu denken, dass der Satz etwas ausgelöst hatte in ihr. So bliebe sie, über die Geschichte hinaus, der Erzählung gleichsam erhalten.

Das Gespräch nach der Lesung war seltsam verlaufen. Ich hatte gedacht, dass man über Saul reden wird. Eben wie damals. Damals, als ich ihnen die Geschichte aus meiner Anfangszeit in L.A. erzählt hatte, waren noch Fragen zu Saul gekommen. Jetzt, schien mir, wich man ihm geradezu aus. Als wollte man nicht mehr hinsehen. Als sei das ja nun endgültig vorbei.

Aber hier war es wieder. Wyatt las es ja gerade wieder vor, stocherte darin herum.

Zum Glück endete alles mit diesem hoffnungstriefenden Satz Wilders von der Liebe. Einer Liebe ohne Erinnerung. Was für ein Mist, dachte ich erst. Ich hatte ihn der fiktiven Ava in der Geschichte gegeben, weil ich Mitleid hatte mit ihr. Die würde sich an so etwas hängen, ohne viel über die Logik der Aussage nachzudenken.

Vorhin aber, bei unserem Nachgespräch, hingen alle daran. An diesem letzten Satz Avas. Und dachten viel darüber nach. Um Saul auszuweichen, schien mir.

Saul und seinem Daumen über dem Auslöser.

Ava war geradezu stolz, diesen Satz – als Ava in der Geschichte – ausgesprochen zu haben.

»Hab ich das damals wirklich gesagt?«

»Ist doch möglich. Der Satz aus dem Buch wäre dir halt im Kopf stecken geblieben.«

»Aber warum gerade der …?«

»Ein ziemlich unsinniger Satz«, meinte Vera. »Ohne Erinnerung – hättest du kein Bewusstsein.«

»Na hör mal, man kann doch sagen: ›Ich stehe vor einem
Haus, aber ich erinnere mich nicht mehr, wer da gewohnt hat‹.«

»Könntest du nicht. Du würdest dich nicht an Worte erinnern, nicht an diese, nicht an andere. Du würdest dich nicht
daran erinnern, dass du stehst. Dass du sprichst. Oder etwas aus
dir spricht. Du wüsstest nicht mal, wer ›ich‹ ist.«

»Ach so meinst du. Das ist aber sehr abstrakt.«

Wyatt meinte, er sei an den Baalschem erinnert gewesen.

»Den Baalschem?«

»Den weisen Mann – aus der zweiten *Quartett*-Geschichte.
Der sagte doch zum Rabbi: ›Dein Wissen hat keine Seele‹.«

»Was hat das jetzt mit –«

»Was, wenn ich's umkehre?« sagte Wyatt. »Was wäre es, Seele
zu haben ohne Wissen? Das hieße doch: Die Seele bliebe ohne
Bezug zum irdischen Aspekt, ohne Bezug auf ein irdisch verwirk-
lichtes Ich – ohne Bezug auf den Menschen aus Fleisch und Blut
mit seinem Gedächtnis.«

»Dass die Seele in diesem Fall ›ohne Bezug‹ wäre, würde ich
nicht sagen. Aber ich glaube, du sprichst mit dem Bild von der
›Seele ohne Wissen‹ an, dass sie *hinter* dem Wissen wartet, oder,
anders gesagt, dass sie vor ihm schon war.«

»*A priori*. Genau. *Vor* dem Bewusstsein. Das ist doch auch,
was Wilder meint, letztlich. Er meint, die Liebe bedarf des Gedächtnisses nicht, weil sie *vor* allem war. Etwa wie die Kategorien
Raum und Zeit.«

»Ich weiß nicht, ob man das so sagen kann.«

»Aber, wenn sie ›wartet‹, dann sagst du damit: Sie ist bezogen,
die Seele.«

»Gut. Vielleicht nicht ›sie wartet‹, aber ›sie ist‹. Sie ist oder
stünde hinter dem, was wir mit ›memory‹ bezeichnen. Hinter
›Gedächtnis‹ läge also noch etwas, das grundlegender wäre. Ich

meine: etwas, das den Grund legt für ›Wissen‹. Ohne es schon zu sein. Ohne es schon geworden zu sein. Das der Grund wäre, auf dem es erst wird, unser Wissen. Dieser Grund entspräche der ›Liebe ohne Erinnerung‹ Wilders.«

»Das ist mir alles zu abstrakt«, meinte Ava.

»Also konkreter jetzt«, sagte Wyatt. »Was wäre das für eine Liebe? Was wäre eine Liebe, die nicht erinnert wird, eine Liebe, die ohne Erinnerung auskäme? Vielleicht ein Gehaltenwerden. Das Wissen: Ich werde gehalten.«

»Aber –»

»Ich weiß«, sagte Wyatt. »Aber dieses Wissen gibt es nicht, denn es würde ja ›memory‹ voraussetzen, wie wir gerade sagten. Dann ist es eben ein Gehaltenwerden *ohne* Voraussetzung, ohne Bedingung. Ich meine ein Gehaltensein.«

»Ein Gehaltensein, etwa wie bei Hölderlin? *Immer, Liebes! Gehet die Erd und der Himmel hält …?*«

»Aber das Gehaltensein, das man wahrnimmt, auch *das* würde Bewusstsein und damit ›memory‹ voraussetzen.«

»Dann … dann ist es eben Sein. Unbewusstes Sein, Unbewusstsein, dieses Gehaltensein. Du *weißt* nicht, dass du gehalten wirst. Wie ein kleines Kind.«

»Weiß ein Baby, dass es gehalten wird?«

»Offensichtlich erst, wenn sich der Zustand verändert. Dann schreit es.«

»Aber für den Zustand des Gehalten*seins* ist es nicht notwendig, dass du es weißt. Dass du davon weißt. *It simply is.* Es *ist* einfach so. Ist mit dir. Eins mit dir. Ununterschieden. Das wäre … Grund der Liebe. Sie wäre gedächtnislos. Sie bedarf deines Gedächtnisses nicht. Bedarf nicht, dass du ihrer gedenkst. Sie bedenkt, ohne bedacht zu sein. War schon immer, wird immer sein. Weil sie *ist*.«

Wir hatten uns rundgeredet. Um diesen Mittelpunkt festgezurrt.

Aber am Ende war ich damit so wenig zufrieden wie mit dem letzten Satz Wilders. *Und der Himmel hält.* Er hält eben nicht. Auch über Hölderlin brach er zusammen.

Und was war das mit »bedarf nicht, dass du ihrer gedenkst«? Denn da, einen Augenblick lang, fuhr es mich an. Als könnte sich das auf Dianne beziehen. Als hätte sie in diesem Moment zu mir gesprochen.

»Bedarf nicht, dass du meiner gedenkst.« Als wäre es ihr geradezu lästig, all das Gedenken. Eine Last. Während ich glaubte, damit etwas Wichtiges zu tun. Oder bestand die Last, ihre Last, darin, dass ich auf jenes Versprechen pochte?

Das wäre die Last. Und das wäre ihr: »bedarf nicht deines Gedenkens«.

Denn ich pochte doch heimlich darauf.

Auf dies Zeichen.

Hinter der Reise, hinter dem gewidmeten Manuskript, wartete immer noch dieses Zeichen. Irgendein Zeichen, von dem wir nur verabredet hatten, es sollte »untrüglich« sein. Dem Überlebenden den Beweis liefern, dass ... die Tote noch ist.

Spielerisch hingesagt war das damals. »Wer von uns beiden als erster ...« Und doch, ich hatte es wieder aufgelesen, das hingesagte Versprechen. In den Notizen.

Es mir geradezu aufgerichtet.

Und jetzt wäre es Last?

Das war doch konstruiert, aus einem Gespräch hatte ich es genommen. Aus dem Zusammenhang. Wir sprachen ja nicht von Dianne. Wyatt nicht, ich nicht. Wir sprachen von Wilder und seinem ... Satz, an dem wir uns alle irgendwie festgeredet hatten. Seltsam, ja.

Aber wenn das ein Zeichen sein sollte, war es jedenfalls nicht untrüglich.

Als ich Wilshire Boulevard erreichte, bog ich links ab, westwärts. Nach Westwood. Was will ich in Westwood?, dachte ich.

Und zweigte schon bald rechts ab, fuhr auf Beverly Glen nochmals den Hügeln zu.

Ich könnte ihr Haus besuchen, dachte ich. Diannes und Eds altes Haus auf 963 Roscomare Road. Die alte Stelle. Den Ort in den Hügeln. Weit wäre das nicht. Vielleicht zehn, fünfzehn Minuten entfernt. Und dann?

Wenig später erreichte ich das Tor, das große *Bel Air Gate*, Ecke Sunset Boulevard.

Ich hielt an der roten Ampel.

Links sah ich Polizei, die gerade einen Laster einwies. Arbeiter sprangen ab, öffneten die Ladefläche. Einer stieg hinauf, reichte dem anderen ein Absperrteil, ein Stellgitter herab.

Die wollen hier absperren? Hatte sich das Feuer denn ausgeweitet? War es auf *dieser* Seite der Hügel jetzt?

Immer schon mochte ich das Bel Air Gate mit seinem halbversteckten Wachthäuschen zur Linken, den altehrwürdigen Wappen über flankierenden Torbögen, dem verträumt-vornehmen Namenszug

Bel Air

auf kreideweißem Gemäuer, und der mächtigen Lampe, die über der Tormitte wie eine Mohnkapsel thronte. Raymond Chandler ließ Marlowe durchs Bel Air Gate fahren, auf dem Weg zu … – das wusste ich nicht mehr –, zu irgendeinem reichen Auftraggeber, der in Bel Air wohnte, kusswilde, freche Töchter besaß, die mit Reitpeitsche durch die Tür traten. Später ließ Howard Hawks Bogart als Marlowe durchs selbe Tor passieren. In *The Big Sleep?* Ja, und viel nächtlicher Regen, unendlich viel Regen wartete auf Bogart hinter dem Tor. Das Tor war noch echt gewesen, eine Außenaufnahme, aus dem Winkel, aus dem ich es jetzt sah, hier, Ecke Sunset Boulevard. Dann hatte Hawks wohl geschnitten. Denn der Regen dahinter, der Regen hinter dem

Tor … war schon himmlischer Studioregen, Innenaufnahme. Umso heftiger ließ Hawks es nun regnen, jetzt erst recht. Herrlich angeleuchteten, künstlichen Studioregen, der sintflutartig aufs Dach eines Wagens niederprasselte, so gnadenlos hart, dass im Aufprall zerstiebende Tropfen sich knapp überm Dach in lichtester Gischt mit hinstürzenden mischten. Vom Wagendach abwärts senkte sich dann behutsam der Kcamerablick und man sah: Im Wagen wartet einer. Was heißt wartet? Er schläft tief, Bogart. Erst jetzt wacht er auf. Er hatte im Wagen vor einem Haus gewartet. Ein *stake out*, eine Überwachung. Bis sich was täte. Jemand erschiene.

Die Straßenarbeiter in ihren Leuchtmonturen, den abgewetzten Sicherheitswesten, trugen die Absperrgitter auf Sunset Boulevard Richtung *Gate* herüber.

Die wollen das Bel Air Tor schließen!, dachte ich.

Jemand hinter mir hupte. Die Ampel stand schon auf Grün. Und ich fuhr los.

Fuhr über die Kreuzung durchs Tor, bevor die Arbeiter es erreichten.

Ein Polizist wirbelte mir mit seiner Taschenlampe hinterher. Ich sah ihn im Rückspiegel, aus dem er sofort wieder verschwand. Meine Straße bog hier links ab: Bellagio Road.

Das war der Weg. Ich erinnerte mich. Ich hatte ihn früher öfter mal genommen. Den etwas längeren Weg zu Dianne, an den Häusern der Reichen vorbei. Über Bellagio Road, am Golfplatz entlang.

Einst hatte Alfred Joseph Hitchcock hier, ausgerechnet am 43. Geburtstag seiner Frau Alma, insistiert, Golf zu spielen. Sie war ziemlich eingeschnappt – eine Unverschämtheit, an ihrem Geburtstag. Und dann war Hitch zu geizig, einen Caddie anzuheuern! Als sie den Caddie aus eigener Tasche bezahlte, wurde dem jungen Mann nach ein paar *holes* plötzlich übel. Er lief weg, verschwand in die Büsche. Da musste tatsächlich Alma die schwere Schlägertasche tragen. Nach dem Schlag steckte Hitch sein Eisen zurück in die Golftasche und kritisierte Almas Golfschwung. Er sprach betont von Gewichtsverteilung und Körperwinkel. Alma stelle sich völlig falsch an den Ball. Was nütze der beste Schlag, wenn die Richtung nicht stimmt? So ging das, bis Alma endlich geschlagen hatte. Aber dann musste sie doch wieder die Schlägertasche tragen. Sie war richtig wütend auf ihn. Das alles an ihrem Geburtstag! Sie hatte jegliche Lust verloren. Keinen Schritt weiter!

»Noch *ein hole* ...!«, rief Hitch.

Und sie schleppte noch mal. Nach dem nächsten Schlag war ihr Golfball zunächst nicht aufzufinden. Hitch fand ihn dann und ließ sie kommen. Ließ sie nochmals schleppen. Der Ball müsste ... – da um die Ecke gerollt sein, meinte er. Und als sie um den Fuß des Hügelchens blickte, tatsächlich. Da lag er. Er war in eine weggeworfene, beschmutzt-zerrissene Verpackung gerollt. Sie wollte sich schon umdrehen, protestieren, da fiel ihr auf, dass sie den Golfball in der zerrissenen Verpackungshöhle ja nur sah, weil er ... – sie sah genauer hin, ging in die Hocke ... weil er von hinten irgendwie angeleuchtet wurde. Als läge eine kleine Taschenlampe dahinter. Sie ging hin, fand heraus, dass es Hitchs Geschenk war, ihr Geburtstagsgeschenk. Nicht der *Titleist* Golfball, hinter dem tatsächlich ein kunstvoll angebrachtes, batteriebetriebenes Lämpchen leuchtete. Sondern die brandneue modische Damenhandtasche, die sie aus der schmutzigen Verpackung hervorzog. Erst als Hitch den präparierten *Titleist* wieder an sich nahm, entdeckte Alma, dass in den seidenen Falten des Innenfutters noch etwas lag.

Ein goldener Schlüssel.

Hitch wies ihr den Weg – durch die Büsche, wo ihnen der überstürzt weggerannte Caddie, der plötzlich wieder da war und grinste, eine Bresche im hohen Außenzaun des Golfplatzes öffnete. Alles sehr geheimnisvoll. Sie traten hindurch, Almas Bluse verhakte sich im Gezäun, weil Hitch sie so antrieb. »Alles ersetzbar«, soll er gerufen haben und stieß sie von hinten kurz an. Noch mit ihrer angerissenen Bluse beschäftigt, stolperte sie beinah, blickte auf … und sah: Sie stand vor einem großen Haus. In dessen Eingangstür natürlich ihr goldener Schlüssel passte. Das war ihr erstes eigenes Haus in L.A., das sie dann bezogen, diese Residenz auf Bellagio Road, sein Geburtstagsgeschenk für Alma.

Es müsste eigentlich gleich kommen, das Haus.

Irgendwo zu meiner Rechten müsste sein Tor auftauchen …

Bisher genügte das Mondlicht, um die geschwungenen Hauseinfahrten, die Tore, oft sogar die weit dahinter versteckten Häuser noch zu erahnen. Ich hätte fast ohne Scheinwerfer fahren können, zumal mir bisher niemand entgegengekommen war. Ich sah in den Rückspiegel. Auch hinter mir nichts.

Aber jetzt zog es sich zu. Ich ahnte, was es war.

Das war kein Nebel, vom Wind hergetrieben. Das waren Rauchschwaden, die von Nordwesten her, schätzte ich, rasch über alles zogen, dabei immer dichter wurden.

Ein paar Minuten später war die Sicht gleich Null.

Ich musste den Wagen an die Seite fahren. Hörte das Rad gegen den Bordstein prallen. Mist!

Ich stieg aus. Begann sofort zu husten. Zog mir das T-Shirt über die Nase. Die Scheinwerfer, die ich angelassen hatte, wurden nach einem halben Meter vom Dunkel verschluckt. Ich hielt meine Hand unmittelbar vor sie hin.

Ruß. Die Hand tintenschwarz.

Es war, als sei irgendwo lautlos eine Bombe explodiert. Momente lang glaubte ich auch, nichts mehr zu hören.

Ich schob mich weiter, an Büschen entlang, Zierwerk vor irgendwelchen Mauern, die ich nicht mehr sah, aber an schütteren Stellen mit ausgestreckter Hand, durch die dichtgewachsenen kleinen Zweige hin, mit den Fingerspitzen noch erreichen konnte.

Irgendwann müsste ein Tor kommen, eine Klingel oder eine Sprechanlage oder … Irgendjemand müsste mich einlassen. Kletterversuche wären zu gefährlich. Viele der Anwesen glichen in dieser Hinsicht Festungen, wusste ich.

Ich war schon eine ganze Weile unterwegs, war am Abtasten, vornübergebeugt, die Hand vor Augen, da nahm der Wind zu und, schien mir, trug das Geräusch des Flammenlärms näher. Oder was war das, was näherrückte?

Ich blickte ins Dunkel, die rechte Hand ins Gebüsch verkrallt, um den Weg nicht völlig zu verlieren. Ich hatte die Augen zu Schlitzen geöffnet, suchte im Dunkel ein Zeichen zu erhaschen, woher sie kämen oder wie nah sie wären, die Flammen.

Nichts, ich sah nichts.

Panik.

Denn der Lärm – war es Windlärm oder windgetragener Lärm? – nahm noch zu. War es schon naher Brand? Der den Schwarzrauch nur vor sich hertrieb, umhüllt, sich mir nicht erkennen zu geben? Ich schrie um Hilfe.

Schrie jetzt.

Plötzlich griff ich ins Leere.

Das Gebüsch, an dem die Hand, dann beide Hände sich verzweifelt vor dem anrückenden Lärm weitergetastet hatten, war verschwunden. Oder nach hinten versetzt? In die Bucht einer Einfahrt?

Da stieß ich mit dem Kopf an Metall. Ich tastete weiter. Es gab nach, ließ sich zur Seite schieben. Jemand hatte ein Tor offengelassen. Vielleicht war die Automatik ausgefallen. Oder jemand hatte es als Fluchtweg geöffnet.

Vielleicht waren sie alle schon auf und davon, längst auf und davon. Man hatte evakuiert.

Wie war ich Idiot hier durchgekommen? Auf dem Weg zu Dianne, durch prasselnden Studioregen, an den ich vorm Bel Air Gate noch erinnert war. Statt auf die Polizisten zu achten, die Lage, die Gesamtlage, ich Verrückter!

Mit meinem nächsten Schritt stieß mein Fuß an etwas, das ich davonrollen hörte. Ein Licht sprang an, verschiedene Lichter. Starke, nahe Lichter ... Eine Lichtanlage, die ich ausgelöst haben musste. Ein Golfball rollte vor mir die Einfahrt hinab, verschwand im Rasen vor einer angeleuchteten Villa.

Ich kam näher.

Auch die Grünanlagen, die sie umgaben, waren angeleuchtet von Strahlern, die teils im Rasen, teils hinter den Bäumen und Sträuchern versteckt sein mussten.

Der ziehende Rauch schien mir nicht mehr so dicht hier. Der Wind hatte seine Decke wohl an Stellen zerrissen. Ab und an leuchtete durchbrechendes Mondlicht herab und ließ Gegenstände oder Konturen im umliegenden Gras aufglänzen. Das Innere des riesigen Hauses aber blieb unbeleuchtet. Seltsam, keine einzige Lampe, die ich durch die Fenster hin sehen konnte.

Ich war am Haus entlang, auf der Suche nach seinen Bewohnern, in den Gartenteil hinter das Haus getreten, vorbei an einer breiten Veranda, da sah ich den Mann.

Einen – ich sah es sofort – einen Gärtner.

Der arbeitete dort weiter, mit einem Schubkarren voll Erde, an den er seinen Spaten nun lehnte. Er nahm eine Rosenschere vom Gürtel, kniete sich hin vor den Busch, den er wohl – mitten im Chaos – mit frischer Erde versorgt und bewässert hatte. Verrückt.

Jetzt bemerkte er mich, winkte mich herbei. Als ich näher kam ... – was war hier los? Hörte er denn nicht, dass der Lärm immer näher rückte, jeden Augenblick Flammen über seinen Garten, über ihn und mich herfallen könnten?

Doch, er wusste das, dieser alte Mexikaner. Ruß und Ascheteilchen hatte sich in die Falten seiner kreuz und quer durchfurchten, schweißnassen Stirn gesenkt.

Ich war fast dankbar, dass er Gefühl zeigte. Ja, Gefühl, denn ich konnte – so nah war ich an ihn herangetreten, auch weil ich bei dem Lärm nicht verstand, was er sagen wollte – doch immerhin sein Herz schlagen hören, heftig, in großer Sorge, wurde mir klar. Ich hatte vermutet, es mit einem Tauben, Blinden oder Verrückten zu tun zu haben, den man bei der Evakuierung des Hauses im Garten vergessen oder einfach im Stich gelassen hatte.

Aber was wollte er? Er blieb knien, stand nicht auf, deutete aber mit ausgestrecktem Arm in die Richtung einer Gruppe Zedern.

Dahinter, sah ich, brannte es.

»Was?« rief ich, »was ist da? Was soll ich da?«

Aber er schüttelte seinen Arm nochmals in die Richtung. Ich wusste plötzlich, dass da etwas Furchtbares im Gange war. Dass er mich hinsandte, weil er selbst machtlos war. Als ließe sich mit dem Furchtbaren dort nicht reden. Und jetzt war der Fremde gekommen, ich – zufällig – und jetzt sollte ich es versuchen. Was versuchen? Was war da? Ein Grauen überkam mich, als läge hinter den Zedern ein Riesengrab, ein Abgrund, irgendein Gräuel.

Aber warum soll ich da hin? Warum mir das ansehen?

Nein, wir müssten hier raus. Raus, irgendwohin entkommen. Oder wenigstens in die Keller des Hauses hinab. Vielleicht hatte es tiefe Keller, in denen wir den kommenden Feuersturm überleben könnten.

Ich versuchte, den Mann am Arm vom Boden zu ziehen. Kurz sah ich Wyatt vor mir, hinter ihm Vera, wie sie, von Polizisten am nächsten Tag zum ausgebrannten Wrack ihres Wagens geführt würden, dann hundert Yards weiter, nach rechts in die Einfahrt des Hauses. Bis auf die Grundmauern abgebrannt. Kein Keller. Kein Keller. Nur ein Kamin in der Mitte des Aschehaufens.

Aber er ließ sich nicht hochziehen, der Alte, blieb auf den Knien. Zum dritten Mal schüttelte er den Arm, stieß ihn, unter mir unverständlichen Worten, in Richtung Zedern.

Ich beruhigte ihn, mein Gott, sein Herz war zu hören, als säße kein Fleisch darüber, als sei da nur Haut, nichts als zur Trommel gespannte Haut.

Und ich lief los … Vielleicht wär's ja doch die rettende Richtung, in die er mich wies. Oder sandte er mich zu jemand, der Rettung benötigte? Was war da?

Ich lief an umgestürzten Statuen vorbei, die im hohen Gras lagen. Künstlich angelegtes Savannengras, schien mir. Und die Statuen?

Lebensgroße antike Statuen. Ich neigte mich über eine, fasste die Umgestürzte kurz an. Eine rötlich bemalte Frauenstatue …

Attrappe.

War das ein Filmset? War ich auf einem Filmset, in den sie dieses Privatgelände verwandelt hatten? Hatten sie hier gedreht und waren von der Not-Evakuierung überrascht worden? Dann wären es Filmlampen, die hinter den Zedern brannten?

Nein, es war Feuer. Da brannte – ich näherte mich –, brannte ein kleineres Haus. Das Gästehaus? Zwei seiner Wände waren schon eingebrochen. Das Dach hing schief in den Flammen.

Oder brannte da eine Attrappe?

Letztlich ein und dasselbe, dachte ich, in diesem Wahnsinn, dieser Not, ein und dasselbe. Dann hörte ich Pferdewiehern …

Mehrere Pferde … Unruhiger, das Aufstampfen der Hufe, als ich mich näherte.

Als sei *ich* das Feuer. Oder der, der die verängstigten Tiere hier rausführen könnte. Ich sah sie noch nicht, hörte sie nur im Rauch. Vier wären es, dachte ich. Sich bäumende Hengste, dachte ich, werden es sein.

Dann sah ich Teile des Wagens, an den man sie gespannt hatte. Ein hoher, römischer Streitwagen schien mir, ein Prachtexemplar. Einfach zurückgelassen!

Aus dem windgetriebenen Rauch hatten sich Funken am Wagen verhangen, fuhren blitzartig hin und her zwischen den Rädern, die, von Stützen über den Boden erhoben, aufgebockt auf der Stelle rotierten, vom Wind getriebene Räder, die kreisten wie Windmühlenflügel.

Vier Räder, sah ich jetzt, riesige Attrappen waren es, auf deren Achsen man den Streitwagen gestemmt hatte, mannshoch hinauf. Und etwas wie ein Thron war sichtbar überm Streitwagen. Sein vierpfostiger Baldachin glänzte kurz auf, golden bemalt, als das Licht durch den Rauch riss und, Momente darauf, wieder verschluckt wurde.

Und dann hörte ich es. Wie ein Ächzen kam es, wie ein Weinen rückte es näher heran, wie ein wehes Geschrei.

Da sah ich drei jener Attrappen, die lagen zu Boden gestoßen, wie überfahren, unter dem Streitwagen. Aber auch wie in Sicherheit, schien mir, hinter den Windmühlenflügeln der Räder, sicher vorm kommenden Sturm. Sie erinnerten mich an umgefallene Statuen in Pompeji … Nein, nicht an Statuen dort. In Pompeji waren es ja Menschen gewesen, die im Lavaschutt wie zu Statuen erstarrt am Boden lagen. Zwei Frauenskulpturen waren es, Attrappen, und eine kleinere in ihrer Mitte. Eine antike Kindergestalt sollte sie darstellen, so glaubte ich zu erkennen.

Ein Junge, der vornübergebeugt schrieb oder las.

Jetzt, auf den Rücken gestürzt, schien es, als blickte er auf, als läse er etwas auf der Unterseite des Streitwagenbodens, unter dem er da lag.

Als wäre Schrift dort zu sehen.

Eine Fliege kroch über die Knaben-Attrappe, krabbelte über die Schläfengrube des Lesenden dem Jochbogen zu …

Wie konnte ich solches Detail überhaupt sehen? Als verlangsamte sich alles … dehnte sich, je länger ich vor dem Wagen stand, meine Zeit. Das muss das Adrenalin sein, dachte ich, der Zuschuss an Adrenalin, wie in den Sekunden vor einem Unfall.

Und von diesen Attrappen käme das Klagen und Weinen?

Die Räder rotierten so rasch jetzt, als umstünde uns das Feuer, der Feuersturm in mächtigsten Winden. Und das Wirbeln der Räderattrappen entwickelte einen Sog, dass es mich herzog, hinein in den Sog, zwischen die Flügel der Räder hinein, und unterm Streitwagen hinwarf, zu Boden.

Ich hörte es donnern, lag im Savannengras unter dem Wagen und sah im nächsten Moment Blitze niederzucken.

Durch die riesigen Speichen der Räder sah ich hin. Ich sah sie mit Augen bemalt, rotstarrenden Pupillen in gelbem Oval.

Sah zurück durchs Gras – Böen pressten es flach, als lande gerade ein Helikopter über dem Streitwagen.

Sah also an den Zedern vorbei bis zum Rosenbusch, vor dem der Alte immer noch kniete.

Da fing der Busch Blitzfeuer, dass er rot aufbrannte, lichterloh, und der Alte, vom Schein überstrahlt, nicht mehr zu sehen war.

Unterm Wagen aber – war ich verrückt geworden? – schien es mir tatsächlich sicherer zu sein als im Freien … Aus der Hocke sah ich mich um nach den Pferden. Keine zu sehen. Sie waren auch nicht mehr zu hören. Nur das Klagen der Attrappen, das sich jetzt zu *einer* Stimme verband.

Sie lag neben mir, vor mir, die eine. Und da dachte ich, du könntest dich eigentlich zu ihr legen, zu der Gefallenen, mit dem Rücken zu ihr.

Und legte mich hin, zu Boden.

Und dachte, hör ich sie reden? Fragt sie tatsächlich

Where is my son?

Was ist aus ihm geworden?

Hat er lesen gelernt?

Ist er hinaus in die Welt gezogen?

Kennst du ihn vielleicht?

Da wusste ich, dass ich … – ich wusste es, obwohl das doch nicht zu wissen war, fühlte es im Warten auf die Stimme, Warten, dass sie weiterspräche, statt Antwort zu heischen von mir –, dass ich wahnsinnig geworden war.

Todesangst trieb mir die Tränen in die Augen. Ich heulte los.

Und hörte nichts mehr. Hörte nichts mehr.

Keine Stimme.

Völlige Stille.

Da tippt etwas an meine Stirn. Nein, stößt an.

Wie ein Fisch. Stößt fest auf sie hin. Und

Entfernt sich wieder.

Wie ein Finger, lebendig.

Ich öffne beide Augen, blicke auf. Und sehe über mir, auf die Unterseite des Streitwagenbodens gemalt:

Nachthimmel.

Und Sterne darin, eingemalt in den Nachthimmel, unzählbar, so zahlreich.

»Zähle die Sterne«, spricht eine Stimme, »kannst du sie zählen?« Und spricht: »So zahlreich sollen deine Nachkommen sein.«

Und ich beginne zu lachen, mitten im Sturm. Denn, tatsächlich, einen Moment lang scheint mir die Verheißung so klar wie abrahamitische Sternenpracht. Und dann, mit einem Schlag,

so entvölkert,

so allein wie jetzt.

Wie ich jetzt. Und doch höre ich mich fragen, als sei ich bereits nicht mehr unter den Menschen, als sei ich schon tot, und bin doch auch tot, bin zurückgekehrt wie ein Geist, um nach den Menschen zu fragen.

Was ist aus ihnen geworden?

Sind sie gewachsen?

Noch gewachsen in dieser Welt?

Haben sie Seele lesen gelernt?

Haben sie ihre Welten bereist?

Sind sie bis zu dem Stern gekommen?

Ohne sich zu verlieren?

Was haben sie not?

Wo gehen sie hin?

Wie wird es ihnen ergehen?

Ist noch Verheißung?

Da sehe ich eine Straße, die führt in den eingemalten Nachthimmel, liegt ausgestreckt, als gäbe es im Sternenmeer einen Horizont. Auf den hin war sie gebaut, diese Straße.

Und eine Stimme, bogenschnell wie ein Reh, schießt heran, pfeilschnell an mir vorbei, schneidet mich an der Schläfe.

Und der Schnitt brennt, dass ich im selben Moment weiß untrüglich, unumstößlich:

Da ist sie.

Das war es gewesen, das Zeichen.

Diannes Zeichen.

Da sehe ich aus der östlichen Ecke des Streitwagen-Nachthimmels, darunter ich liege, einen Kometen herabschießen. Der schlägt ein im Schweif, schlägt ein am Horizont, so dass die Nachthimmelsfeste im silbrig lodernden Glanz seines Aufschlags ausgeblendet wird, augenblicklang. Und sehe es dann lodern, anschwellen wie silbrige Wasser, wie die Kuppe einer silbernen Sonne im Aufgang. Und ich weiß, gleich wird die Druckwelle kommen. Die Feuerdruckwelle des Einschlags wird uns in Asche verwandeln, uns ›kalzinieren‹. Das ist das Wort, das ich denke, das ich mir rettend auflese,

Spur Hoffnung im *blast*

einer sei noch am Werk

Gott

und dass der Versuch Ihm gelinge

Ihm gelinge und

uns.

Und ich wende mich zu der Frau und ziehe sie vom Boden zu mir herauf. Es ist die Geliebte, die neben mir steht, die Vertraute. Und wir wissen, kein Wort ist mehr nötig.

Kein Wort.

Gleich.

Gleich ist es soweit.

Gleich werden wir im Feuer verwandelt.

Und ich umarme dich fest

Umarme di ... –

Der Monitor an der Kabinendecke, einige Sitzreihen vor mir, rüttelte heftig. Turbulenzen. Er zeigte Datum und Uhrzeit. Es war der 17. November. Noch eine Stunde bis zur Landung in Deutschland.

EPILOG

Am 13. März 2020, vier Monate später also, stieß ich auf einen Artikel in der Onlineausgabe des *Guardian*, in dem es hieß, der erste Fall eines an Covid-19 Erkrankten sei auf den 17. November 2019 zurückzuführen. Ich dachte sofort an jene rätselhafte – synchronistische – Traumvision vom Kometeneinschlag am Horizont, der im Aufprall silbrig anschwoll. Im Traum wusste ich, dass die Druckwelle, die er ausgelöst hatte, uns alle »kalzinieren« – verbrennen – wird.

Zwei Wochen später kam der Einschlag ganz nah. Ich erfuhr, dass ein Freund, ein Seelsorger, der mit C. G. Jungs Werk vertraut ist, auf der Intensivstation liegt und beatmet wird. Corona-Virus. »Betet für uns!«, schrieb seine Frau. Sie sei nur noch am Weinen. Ich empfahl ihr den 23. Psalm – schrieb ihn ihr Zeile für Zeile auf, mit leichten Änderungen, damit sie das Gebet für ihren Mann *und* für sich selbst beten könnte, mithin beide am selben Tisch säßen, von dem ja auch der Psalm spricht: »Du bereitest vor mir einen Tisch – im Angesicht meiner Feinde.«

Sie identifizierte »die Feinde« gleich mit dem Virus. Das Bild zwang sie gleichsam zu einer Visualisierung. Wie dieser »Feind« aussah, weiß nur sie. Prinzipiell aber kommt eine solche konzentrierte Sichtung des Feinds im Gebet dem Moment der Erhöhung der ehernen Schlange gleich (Num 21): »Da sprach der Herr zu Mose: Mache dir eine eherne Schlange und richte sie an einer Stange hoch auf. Wer gebissen ist und sieht sie an, der soll leben.«

Ich schrieb ihr den 23. Psalm auf, weil man in so einer Situation, mit den Nerven am Ende, vielleicht nicht in der Lage ist, nach einer Bibel zu schauen oder den Suchbefehl im Computer einzugeben. Weil man sich, gerade jetzt, da man sie liest, diese Verse, auf derselben Stufe befindet, aus deren seelischer Tiefe der Psalm spricht. Jetzt sind die Zeilen da, sind sie vor Augen – mit der Aufforderung: Lies. Lies sie laut! Lies sie jetzt, Dir vor Augen. Sieh die Bilder einzeln vor Dir, in ihrer Sequenz, der Individuationsfolge, die der Psalm uns bebildert.

Schon am nächsten Tag – ging es ihrem Mann besser. Drei Tage später sagten die Ärzte, er sei aus der Lebensgefahr-Zone heraus. Ich schrieb seiner Frau zwei weitere Mails, die sich mit einzelnen Zeilen des Psalms und seinen archetypischen Bildern beschäftigen und sandte ihr eine Version, die ich mir aus dem Hebräischen übersetzt hatte. Nicht um die ehrwürdige Luther-Übersetzung beiseite zu schieben, sondern die im Original anklingenden, mitverborgenen Bilder zu fassen. Jene Bilder nämlich, die in den Etymologien einzelner Wörter und Wendungen, das heißt: von den unbewussten Schichten der Sprache her, anklingen. Eine Musik, die im Hintergrund mitzuhören wäre, die bekannten Lutherzeilen uns *hoch aufzurichten*. Denn ist es nicht ein Wandlungs- und damit ein Auferstehungspsalm, dessen Wirkung und Verwirklichung uns gerade heute zu wünschen wäre? – Ich habe mir den 23. Psalm so übersetzt:

Der Herr ist mein Hirte, mir wird nichts mangeln.
Er zeltet mich in frischer Grüne, er tränkt mich am Wasser des Atems der Ruh.
Meine Seele, zu mir heimgekehrt hat er sie.
Er führt mich auf Wegen der Gerechtigkeit – um Seines Namens willen.
Durchs Tal des Schattenbildes des Todes muss ich mitten hindurch.
Doch ich fürchte kein Unglück. Denn du bist mit mir. Die Krümm deines Stabs – Mut zieht sie aus mir, tappt mir zeptergleich Richtung und Trost.
Da! Vor meinen Augen: du bereitest mir einen Tisch, daran ich ansichtig sei meiner Feinde.
Du salbest mein Haupt mit Öl – und schenkst mir voll den verwandelnden Kelch.
Deine Gnade – erjagt sie mich nicht alle Tage meines Lebens? So soll es sein.
Eingezeltet in Gnade werde ich wohnen im Hause des Herrn – immerdar.